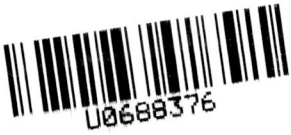

海上絲綢之路基本文獻叢書

瀛寰譯音異名記（三）

〔清〕杜宗預 編

文物出版社

圖書在版編目（CIP）數據

瀛寰譯音異名記．三 /（清）杜宗預編．-- 北京：文物出版社，2022.7
（海上絲綢之路基本文獻叢書）
ISBN 978-7-5010-7705-2

Ⅰ．①瀛… Ⅱ．①杜… Ⅲ．①歷史地名－世界－古代
Ⅳ．①K916

中國版本圖書館 CIP 數據核字（2022）第 097144 號

海上絲綢之路基本文獻叢書
瀛寰譯音異名記（三）

編　　者：〔清〕杜宗預
策　　劃：盛世博閱（北京）文化有限責任公司

封面設計：鞏榮彪
責任編輯：劉永海
責任印製：王　芳

出版發行：文物出版社
社　　址：北京市東城區東直門内北小街 2 號樓
郵　　編：100007
網　　址：http://www.wenwu.com
經　　銷：新華書店
印　　刷：北京旺都印務有限公司
開　　本：787mm×1092mm　1/16
印　　張：15.375
版　　次：2022 年 7 月第 1 版
印　　次：2022 年 7 月第 1 次印刷
書　　號：ISBN 978-7-5010-7705-2
定　　價：98.00 圓

總緒

海上絲綢之路，一般意義上是指從秦漢至鴉片戰争前中國與世界進行政治、經濟、文化交流的海上通道，主要分爲經由黄海、東海的海路最終抵達日本列島及朝鮮半島的東海航綫和以徐聞、合浦、廣州、泉州爲起點通往東南亞及印度洋地區的南海航綫。

在中國古代文獻中，最早、最詳細記載『海上絲綢之路』航綫的是東漢班固的《漢書·地理志》，詳細記載了西漢黄門譯長率領應募者入海『齎黄金雜繒而往』之事，書中所出現的地理記載與東南亞地區相關，并與實際的地理狀況基本相符。

東漢後，中國進入魏晉南北朝長達三百多年的分裂割據時期，絲路上的交往也走向低谷。這一時期的絲路交往，以法顯的西行最爲著名。法顯作爲從陸路西行到印度，再由海路回國的第一人，根據親身經歷所寫的《佛國記》（又稱《法顯傳》）一書，詳細介紹了古代中亞和印度、巴基斯坦、斯里蘭卡等地的歷史及風土人情，是瞭解和研究海陸絲綢之路的珍貴歷史資料。

隨着隋唐的統一，中國經濟重心的南移，中國與西方交通以海路爲主，海上絲綢之路進入大發展時期。廣州成爲唐朝最大的海外貿易中心，朝廷設立市舶司，專門管理海外貿易。唐代著名的地理學家賈耽（七三〇～八〇五年）的《皇華四達記》記載了從廣州通往阿拉伯地區的海上交通『廣州通夷道』，詳述了從廣州港出發，經越南、馬來半島、蘇門答臘半島至印度、錫蘭，直至波斯灣沿岸各國的航綫及沿途地區的方位、名稱、島礁、山川、民俗等。譯經大師義净西行求法，將沿途見聞寫成著作《大唐西域求法高僧傳》，詳細記載了海上絲綢之路的發展變化，是我們瞭解絲綢之路不可多得的第一手資料。

宋代的造船技術和航海技術顯著提高，指南針廣泛應用於航海，中國商船的遠航能力大大提升。北宋徐兢的《宣和奉使高麗圖經》詳細記述了船舶製造、海洋地理和往來航綫，是研究宋代海外交通史、中朝友好關係史、中朝經濟文化交流史的重要文獻。南宋趙汝適《諸蕃志》記載，南海有五十三個國家和地區與南宋通商貿易，形成了通往日本、高麗、東南亞、印度、波斯、阿拉伯等地的『海上絲綢之路』。宋代爲了加强商貿往來，於北宋神宗元豐三年（一〇八〇年）頒佈了中國歷史上第一部海洋貿易管理條例《廣州市舶條法》，并稱爲宋代貿易管理的制度範本。

元朝在經濟上採用重商主義政策，鼓勵海外貿易，中國與歐洲的聯繫與交往非常頻繁，其中馬可•波羅、伊本•白圖泰等歐洲旅行家來到中國，留下了大量的旅行記，記録元代海上絲綢之路的盛况。元代的汪大淵兩次出海，撰寫出《島夷志略》一書，記録了二百多個國名和地名，其中不少首次見於中國著録，涉及的地理範圍東至菲律賓群島，西至非洲。這些都反映了元朝時中西經濟文化交流的豐富内容。

明、清政府先後多次實施海禁政策，海上絲綢之路的貿易逐漸衰落。但是從明永樂三年至明宣德八年的二十八年裏，鄭和率船隊七下西洋，先後到達的國家多達三十多個，在進行經貿交流的同時，也極大地促進了中外文化的交流，這些都詳見於《西洋蕃國志》《星槎勝覽》《瀛涯勝覽》等典籍中。

關於海上絲綢之路的文獻記述，除上述官員、學者、求法或傳教高僧以及旅行者的著作外，自《漢書》之後，歷代正史大都列有《地理志》《四夷傳》《西域傳》《外國傳》《蠻夷傳》《屬國傳》等篇章，加上唐宋以來衆多的典制類文獻、地方史志文獻，集中反映了歷代王朝對於周邊部族、政權以及西方世界的認識，都是關於海上絲綢之路的原始史料性文獻。

海上絲綢之路概念的形成，經歷了一個演變的過程。十九世紀七十年代德國地理學家費迪南・馮・李希霍芬（Ferdinad Von Richthofen，一八三三～一九〇五），在其《中國：親身旅行和研究成果》第三卷中首次把輸出中國絲綢的東西陸路稱爲『絲綢之路』。有『歐洲漢學泰斗』之稱的法國漢學家沙畹（Édouard Chavannes，一八六五～一九一八），在其一九〇三年著作的《西突厥史料》中提出『絲路有海陸兩道』，蘊涵了海上絲綢之路最初提法。迄今發現最早正式提出『海上絲綢之路』一詞的是日本考古學家三杉隆敏，他在一九六七年出版《中國瓷器之旅：探索海上的絲綢之路》中首次使用『海上絲綢之路』一詞；一九七九年三杉隆敏又出版了《海上絲綢之路》一書，其立意和出發點局限在東西方之間的陶瓷貿易與交流史。

二十世紀八十年代以來，在海外交通史研究中，『海上絲綢之路』一詞逐漸成爲中外學術界廣泛接受的概念。根據姚楠等人研究，饒宗頤先生是華人中最早提出『海上絲綢之路』的人，他的《海道之絲路與昆侖舶》正式提出『海上絲路』的稱謂。選堂先生評價海上絲綢之路是外交、貿易和文化交流作用的通道。此後，大陸學者馮蔚然在一九七八年編寫的《航運史話》中，使用『海上絲綢之路』一詞，這是迄今學界查到的中國大陸最早使用『海上絲綢之路』的人，更多地限於航海活動領域的考察。一九八〇年北京大學陳炎教授提出『海上絲綢之路』研究，并於一九八一年發表《略論海上絲綢之路》一文。他對海上絲綢之路的理解超越以往，且帶有濃厚的愛國主義思想。陳炎教授之後，從事研究海上絲綢之路的學者越來越多，尤其沿海港口城市向聯合國申請海上絲綢之路非物質文化遺産活動，將海上絲綢之路研究推向新高潮。另外，國家把建設『絲綢之路經濟帶』和『二十一世紀海上絲綢之路』作爲對外發展方針，將這一學術課題提升爲國家願景的高度，使海上絲綢之路形成超越學術進入政經層面的熱潮。

與海上絲綢之路學的萬千氣象相對應，海上絲綢之路文獻的整理工作仍顯滯後，遠遠跟不上突飛猛進的研究進展。二〇一八年厦門大學、中山大學等單位聯合發起『海上絲綢之路文獻集成』專案，尚在醖釀當中。我們不揣淺陋，深入調查，廣泛搜集，將有關海上絲綢之路的原始史料文獻和研究文獻，分爲風俗物産、雜史筆記、海防海事、典章檔案等六個類别，彙編成《海上絲綢之路歷史文化叢書》，於二〇二〇年影印出版。此輯面市以來，深受各大圖書館及相關研究者好評。爲讓更多的讀者親近古籍文獻，我們遴選出前編中的菁華，彙編成《海上絲綢之路基本文獻叢書》，以單行本影印出版，以饗讀者，以期爲讀者展現出一幅幅中外經濟文化交流的精美畫卷，爲海上絲綢之路的研究提供歷史借鑒，爲『二十一世紀海上絲綢之路』倡議構想的實踐做好歷史的詮釋和注脚，從而達到『以史爲鑒』『古爲今用』的目的。

凡例

一、本編注重史料的珍稀性，從《海上絲綢之路歷史文化叢書》中遴選出菁華，擬出版百册單行本。

二、本編所選之文獻，其編纂的年代下限至一九四九年。

三、本編排序無嚴格定式，所選之文獻篇幅以二百餘頁爲宜，以便讀者閱讀使用。

四、本編所選文獻，每種前皆注明版本、著者。

五、本編文獻皆爲影印，原始文本掃描之後經過修復處理，仍存原式，少數文獻由於原始底本欠佳，略有模糊之處，不影響閱讀使用。

六、本編原始底本非一時一地之出版物，原書裝幀、開本多有不同，本書彙編之後，統一爲十六開右翻本。

目録

瀛寰譯音異名記（三）

瀛寰譯音異名記（三）

卷五至卷八

〔清〕杜宗預　編

清光緒三十年鄂城刻本

瀛寰譯音異名記卷五

國部城地　附海島　美州

松滋杜宗預編

美州氷疆島地所在

美州

志略作亞墨利加近史作亞美利加以意國探地人名文作亞墨理駕萬國圖作阿美利加分南北兩土北距北氷海南近南氷海東距大西洋西距大洋海極西北一隅與亞細亞極東北隅僅隔卑令海峽

北亞墨利加氷疆

地當黑道下環北氷海如玦五六兩月氷始折英人荷人釣船多至其地人短醜粗具形貿志略稱分三域

北德溫
萬國圖作北的芬學會圖又稱難得溫漢文圖作北代芬地理問答作德分平方圖作諾德溫在蘭喀士塔海門即圓球圖蘭刻斯透峽即北

北日爾亞
萬國圖作墨耳微耳隔圓球圖作邁耳斐耳嶼地理問答作斐勒斐勒北與克伴島即平方圖夷曼島隔峽相值西北方另有墨耳微耳島即灣及墨耳微耳島也克伴島全志圖稱哥笨地

巴非英巴刊
萬國圖作卅芬蘭地理問答作巴分五大州志作巴福音蘭滅文圖作婆芬蘭平方圖作巴非英蘭此外島即外國地理伯夫燕此志略所謂三域也

灣此名同即外島口巴利地理問答作巴德斯德平方圖相對平方圖最

西作扶塌斯萬國圖作西北島萬國圖作拍特力圖墨耳微耳島作帕力地理問

監札加

答作巴德利革，平方圓作拔克，太子地斯蘭曰

班士作蘭，地理問又在阿拍特力島，邦偏革西，平方仐伯阿圖耳作八，班克斯斯蘭，灣理

峽答名同，問又在阿勒特力島，東南方圖偏西，平口伯阿特耳，太曰子蘭地剔阿

名同，地理問答在班士伯第蘭，東南方圖偏西，平口伯阿特，太曰子蘭地剔阿灣理

地理同，又在西隔布蘭峽，與平方阿土股維拖利尓，波蘭第特，太曰罷蘭剔阿

作布剔，答作亞根伯隔蘭峽，平與阿耳圖八坑蘭，志利作，波蘭第特

理問布，問答亞別作西隔，北峽與平方阿耳全志，值蘭，波蘭第特太曰

南日藪，作文圖探斯北三，墨士蘭微東隔，北值蘭日孔芬蘭

探索，作日漢文圖斯斐，察得下郎對英方哈南得曼，平在拔圖芬蘭小島

平方漢圖斯曼斐，察耳卽平蘭屬圖，得察耳息拔圖芬蘭小島

士小島布里島西，隔斯耳平藪探頓，察森日樓槎耳小島

有小島布島與聯邦門，峽口是為冰疆大略，又北北即

北淩薩碽島與布里島，西隔斯耳對平探頓大略，極東北隅

格琅特島與

皮瑞地與

監札加又作甘查甲，稱北冰疆，極西北隅與亞細亞

志略，東北隅僅隔海港五十餘里，羲人跨而有之，即

極東北隅

水疆五

二

東寨加半島．按志略既不著海港之名．各圖惟有阿拉士加半島．隔白令海峽．與亞州東北相對．世界地學亦云然．志略誤．

英屬加拿他城地所在

英屬北亞墨利加

英志作加那大。漢文圖作英領加拿他。本法闢英力爭有之。北至氷疆。南界米。東距大西洋。西距大洋海。總名曰新北勒達尼亞。地大於英本國幾三十倍。

下加拿他

米志又作嘉那太。萬國圖作坎拿答。圓球圖作喀訥塔。地理問答作干阿達。漢文圖稱加奈陀。近報作叩那大。在桑羅稜索河上游。伊爾蘳及休倫兩湖北。會城名給卑克。萬國圖作圭璧。地理問答作圭備革。圓球圖作蒯拜克。平方圖作魁北克。世界地學作克别庫府。五大州志作克伊培克。爲各國郵船寄椗港。米志作貴璧邑。云英自法奪得。亦省名。卽近史格伊必。

上加拿他

在下加拿他西全志稱其省郎安他利奥地多法人英以兵力靖之法志通作加奈太稱自啓伯克艦戰敗後割與英會城曰多倫多五大州志作透郎特米志稱初名約後改名登倫多萬國圖作托倫拖地志作得羅恩拖在恩德略湖西北商業學堂均盛總督駐處

新不倫瑞克

志略又作新本士威萬國圖作新勃倫士維克本方圖作又作紐布新隆斯威克英志作紐不侖瑞漢文圖作紐白崙斯蔚克外國地理作料布蘭斯灰敌全志作牛奔遂克米志作紐弗崙斯維幾括地略作新不勒達尼亞地球韻言作不林司克下加拿他東境又南省名東臨海南北臨內港會城曰弗勒德里克萬國圖作夫力德力頓圓球圖作乏婁豆力克屯近史作布利頓岬城建水濱係大埠頭英法船及三島之人多至者當是聖約翰河濱河東南流入芬第灣有大潮河口城曰聖約翰圓球圖作聖章海口極佳

新蘇格蘭

在新不倫東南。三面懸海。僅一隅與新不倫通。盛煤鐵。亦省名。居民勤苦治生。萬國圖作諾法士科西亞。地志作諾維失殼添。英志作諾法斯哥亞。平方圖作那佛斯科的亞。近史作那哇士哥沙。本法地。英取之。漢文圖作新斯科希唵。西洋史要作亞卡地阿。世界地學稱諾巴士加半島。會城曰哈勒法。英兵戍守。萬國圖作哈利發士。世界地誌作哈黎法克斯。地學作哈利哈固士。漢文圖作浩斐乏克斯。要灣名同。地理問答作哈利發斯海口。稱艮港。西南有撒玻勒角。

散約翰島

志略云在新蘇格蘭東北。英老兵移住地。全志作厄德洼。亦省名。萬國圖作以瓦太子島。圓球圖作愛得瓦太子。平方圖作勃林西挨得瓦得。英志作伯林斯義得瓦。會城曰加爾羅得。全志作沙拉吞。萬國圖作槎洛氏埠。圓球圖作沙老特。按志略散約翰本指以瓦太子島立言。會城之名可見

而地埊繪在東北北方一島反不著名則混入開普布里敦島矣今是正之

開普布里敦島

萬國圖作吸勃里頓圓球圖作開魄白來登全志作玻利呑西洋史要作開普布利頓意命愛尼斯人首探此地屬城萬國圖作息利圓球圖作昔得尼此島志略不列為部而誤以散約翰繪當其處者一說與新蘇格蘭合成一省

新著大島

在新蘇格蘭極東北即新分倫近海產魚本法地地理問答作牛芬德蘭西洋史要作紐英倫平方圖稱斯著大島即紐芳蘭近史作紐灣杜蘭外國地理作料弗換蘭會城曰桑若漢巡撫駐處萬國圖作聖約翰平方圖作桑約翰圓球圖作聖約畧亦名聖章斯地理問答作散暫斯東南有累士角即地理問答雷斯世界地誌兼士西北有備來德海腰地理問答作備來勒全志作貝利勒

郎漢文圖拜耳阿耳峽。學會圖貝勒亦斯勒峽爲與拉伯拉界斷處。

臘勃拉多

漢文圖作東伯拉拉道。世界地誌作刺伯拉多。外國地理作拉布拉多路。萬國地志稱拉勃來獨高原。全志作拉伯拉。稱英北部東方一大土。與紐芳蘭別爲一省地。卻相接。東北口。卽哈得森灣。西北之刺布拉達半島。又哈得森灣東土一大嶂。

安他利奥省

圜球圖作昂臺里俄。全志作恩德略。五大州志作安達寮平方圖作安剔伊鰲阿以。湖名。兵帥駐處値湖北。馬尼多巴東省名。

俄達瓦

萬國圖作鄂答瓦。地志作啞撻懷。圜球圖作奥塔外世界地學作窩達府。稱富材木。地誌作奥突吽。

外國地理作屋他華稱有英國太守政廳安他利會城名河名同一說即坎拿他京城西南城平方圖作京斯敦萬國圖作慶士頓全志作青司呑值聖羅連河由恩德略湖流出處又西南城萬國圖作哈密耳頓全志作哈米吞多輸出製造貨值湖首

門德利奧

米志作滿毗理耳稱英奪自法萬國圖作棠特利耳近史作棠利尒圓球圖作孟特來阿漢文圖作棠德里耳世界地誌作孟多利爾稱太平洋鐵道汽船起點地學作棠多利爾府稱第一商市即外國地理望駝利路在聖羅連士島上英屬坎拿他大城亦稱八省之一城省同名

馬尼多巴

泰西新史作漫泥士扒地球韻言作麻泥士巴全志作滿伊多巴云亦八省之一萬國圖作滿尼拖八城名同與美密士失必河近無糞料而收麥最旺在溫尼壁湖南有城平方圖作溫尼伯即溫

尼璧以湖名
鐵路所經

薩士卡察萬

學會圖作薩斯喀特徹温以河名值馬尼多巴西
北又西北爲亞大巴斯喀地學會圖又作遏塔
友斯喀萬國圖作阿他巴士卡亦以河名彼爲入
温尼璧湖水此爲入奴湖水也並亞尒伯特及阿
辛尼巴衣亞
爲四新省

科隆比阿

平方圖作可倫比亞學會圖作不列顛可倫比亞
地理問答作哥倫比亞世界地誌作科倫波八省
之一在落機山西近太平洋產金英屬地會城
郘萬國圖維拖利阿世界地學比庫多利亞地誌
維克多利亞萬國地志作文苛維亞府云常開直
航至亞州東北城平方圖作紐瓦斯爾斯特萬
國圖作新委土民士特西南城學會圖作巴尒
蘭五大州志作疱特蘭電綫由此達蒙特利耳云

美屬

附島

安提哥士地島

漢文圖作安剔考斯剔學會圖作安剔恪斯提横亘聖羅連士河海口如黑龍江之有庫頁島岷江之有崇明沙也全島分東西南三土角

百爾慕他羣島

英志作百慕大圓球圖作抔耳謀答全志作備木達島皆石與珊瑚結成値美都華盛頓東大西洋中因爲英屬附載於此

美利堅合衆國城地所在

美利堅

粵東稱花旗國。東海濱人呼阿美利堪。志略又作聯邦國。亦稱亞墨理駕合衆國。西語名奈育士迭苦英苛虐自立在北美中間。東界大西洋。西至太平洋。北接英屬坎拿他。南連墨西哥海灣。分四十八部。舊多稱國。

紐約爾國

米志稱荷初尋得名滿巴但。又名紐安特隄近史作紐奄士條擔埠。亦作紐安士的佘丹。即新約基圓球圖作紐約克。地理問答作牛約革。世界地誌稱大紐約。合布可林而成。美國東北最大城。貿易製造極盛。處地形三角。略如中國福建。華盛頓畔英紐約首附。

阿爾巴尼

米志作阿而別尼稱英將約翰敗走處近史作亞路巴尼英商初探得名孟巴丹島萬國圖作阿耳班尼圓球圖作奧耳八逆秦西新史作雅巴尼紐約京城亦大市鎮東有鎮名第來學會圖作推來西有城泰西新史作灑法那萬國圖作八發魯平方圖作布法羅

片司危那國

米志作邊西威業洋語邊氏野林志略作賓夕爾勒尼安又作品林又作奔西爾瓦尼萬國圖作編西耳萬尼阿地志作噴昔維納東游記作噴夕尒費呢阿圓球圖作噴昔耳緋尼阿泰西新史作烹西玩耶北界紐約西北連衣利湖西界痾嘻冉南界徽晉尼阿即世界地誌賓塞梵尼亞州稱產石油者

非勒特爾非爾

東游記作費城亦作費里地費萬國地志作夫特尒否泰西新史作非拉德飛鴉亦作兄弟愛萬國

圖作斐獵特耳費。地理問答作斐拉德斐亞。世界地誌作飛拉迭爾費。地學作比拉鐵比阿。片司危那會城名。在東南隅特拉爾華河口。爲美國第三都會。卽外國地理灰拉爹路灰亞。稱昔舉獨立旗時。以此爲根據地。煤市甲天下。

哈力斯堡

萬國圖作哈利士堡。學會圖作哈利斯波格。西洋史要作吉底思波。泰西新史作吉帝思波。云南兵追北。省曾至此。片司危那屬。西有堡。圖[illegible]作辟子。世界地誌作匹茲當。卽東游記畢次卑城。亦屬片司危那。

牛遮西國

米志作烏遮爾些。志略作紐折爾西。近史作紐查尒斯。萬國地志作紐及赦。萬國圖作新這塞。圓球圖作紐周耳西。北界紐約。南界德拉華。西界片司危那。東面大西洋。

特連頓

萬國圖作剔連頓圓球圖作特蘭屯
米志作突連登牛遮西會城名濱海

德拉洼國

志略作特爾拉華又作德拉委爾萬國圖作低剌
謂阿地志作玳拉厄亞圓球圖作代辣斡在編西
耳萬尼阿東南西南界馬里蘭東臨海灣為特爾
拉華河下游以水名國地小而首附華盛頓拒英
者
也

多發

萬國圖作多法圓球圖
作朶浮德拉洼會城名

馬里蘭國

志略又作麥爾盞蘭萬國地志作墨利倫近史作
美蘭泰西新史作馬利攔又名馬克賴蘭為南北

血戰處圖球圖作麻里蘭東界德拉注北界片司
危那西界微音尼阿中貫海港以英女主馬理之
名名其
國也.

阿那波里

一作安那布里士學會圖作亞那皮里馬里[illegible]
城名.北有城全志作保勒第摩萬國圖作巴[illegible]
摩阿圓球圖作保剔摩耳世界地誌作傅基麥[illegible]
米志作巴里底莫以英人巴里初開瑪邦得名平
方圖作巴尒的摩
尒盛棉花有學校

華盛頓

圓球圖作瓦欣屯全志作瓦升盾爲美都城建於
哥倫比亞公地內即在馬里蘭國西南界有大總
統留
名塔.

非真伊亞國

志略作勿爾吉尼阿，稱英初名占士，亦作費爾治尼亞，英語貞潔之謂。一作威額爾拿。泰西新史作斐節尼亞，萬國圖作微晉尼阿，圓球圖作浮耳基尼阿，近史作維拉的尒非亞云。開獨立議會，西北界痾嘻痾，西南界田尼西，東距海港，幅員最廣。境內山大者曰波威爾士，郎阿力汗尼山分脈。

里是滿

萬國圖作力治門，圓球圖作力齒孟得。南部別建都城處，亦鐵路中樞。泰西新史作烈七門。非眞伊亞會城名，在東界海濱，聰俊之士萃焉。內有埠曰俾得南，省與北省苦戰處，卽圓球圖丕透斯堡、平方圖又作伯特斯波格者。

西非眞伊亞國

西洋史要作維基尼亞，萬國圖作西微晉尼阿，平方圖作西勿尒吉尼阿，圓球圖作西浮耳基尼阿，世界地學作瑞費尒府。在俄亥俄河左岸。會城當郎，學會圖查勒士屯，圓球圖察耳斯屯，又拔

輝令一城圓球圖作輝逡與萬國圖均繪入賓夂
尒萬尼阿界內平方圖作威林繪入俄海阿界內
釋名統入西非眞伊亞未審誰
是以上美依大西洋中七省

美印國

志略作緬亦作洛又作賣內萬國圖作梅因地志
作梅痕圓球圖作曼邦稱郎緬邦在合衆國極東
北隅與英屬相接西界新寒時阿南界海
略如中國浙江北寒南熱貿易占十之三

奧古士大

萬國圖作奧加士他圓球圖作奧格斯塔平
方圖作奧古斯大美印會城名有大書院二

牛罕西爾國

志略作紐罕什爾又作新杭西勒亦作新韓賽萬
國圖作新寒時阿地志作紐海拍鮮圓球圖作紐
罕受耳米志作牛含布什尒在梅因
西方北郎英土幅員如梅因三之一

公哥突

萬國圖作孔科圓球圖作康考得牛罕西爾會城名東南隅有波子某城學會圖作波子謀合衆國兵船皆泊此公哥突即米志剛哥的英米搆兵始此是爲改革之戰

非曼特國

米志作花滿的志略作洼滿的亦作法爾滿文作委爾蒙卽萬國地志尾蒙萬國圖瓦門特圓球圖浮耳莽特値牛罕西爾西方北界英土西界紐約取其地有綠山洼滿譯言綠山也

滿比釐阿

萬國圖作蒙丕利阿圓球圖作莽特丕力歐米志作玭理耳非曼特會城名

瑪撒出色國

志略作麻沙朱色得士亦作馬撒主悉萬國地志作麥袞且失炎近史作馬沙焦薩灣米志作瑪湊

朱些斯稱英初尋得名新英萬國圖作馬息舟薛士圓球圖作麻賽楚賽貲在牛罕西爾非曼特南西界紐約爾東距大西洋氣候似中國江北

摩士敦

萬國圖作波士頓泰西新史作撥思登亦作撥獅燈圓球圖作保斯屯地理問答作波斯盾世界地學作包士敦府地誌作巴士敦瑪撒出色會城名在國東界爲大都會亦紐約東北通商大城富綿毛郎外國地理波斯頓稱近傍有哈伯多及耶路著名二大學哈伯多郎全志哈佛德耶路郎耶而

堪訥替克國

亦名干那志略作干捏底吉亦作哥內的吉全志作根內第革近史作康尼的格云荷初探得學會圖作康內克的吉特又作袞特底格萬國圖作孔匿低咳圓球圖作康乃狄克北界瑪撒出色西界

紐約爾南距海港有干捏底吉河由此入海以水名國沿河興蠶桑之利米志稱干捏底格即洋譯長江之謂

哈得富耳

萬國圖作哈佛米志作哈弗的干捏底吉會城名在河濱尚有一會城名紐倫敦即新倫敦西即圓球圖紐海芬全志作牛亥分在海口學館爲合衆國最中國人多有別院教啞聾學會圖又作新哈文

羅德哀蘭國

志略作洛哀倫亦作爾羅嗳倫又作羅底島南懷仁記作樂德圖球圖作羅得萬國圖作魯地在瑪撒出色南西界干捏底吉東南距大西洋近史謂之羅那全土名哇路西尼亞拉利探得地最小國以島名島上建樓燃燈導海舶又能借風激輪以爲磨首附華盛頓倡義拒英

波羅威士頓

洛哀倫會城名萬國圖作普魯維典士平方圖作波羅威頓士米志作普拉以登茲洋語天福也圓球圖作魄老斐登斯志略稱會城外海港名新灣港內小島即洛哀倫國是也其萬國圖長島學會圖作琅島島上城曰布魯克林地理問答作伯魯革林稱爲美國第三大城正值牛約革東北

以上在中七省東北或稱新英省以地昔爲英墾也

北喀羅來那國

米志作諾格阿利納亦稱諾邦即志略北喀爾勒那亦名那那弗喀爾勒那那弗譯言北也又作北戈羅里泰西新史作北嘉祿利拿萬國地志作克魯剌納圖球圖作北喀羅淩那在非貞伊亞南西界田尼西東距海西西北有墨魯山最高初爲英人臘里所墾後歸合衆國

喇里

萬國圖作拉薩圓球圖作老里平方圖作刺里北喀羅來那會城名俗倏靡耕作半黑奴濱海城日維民頓學會圖作威尒門敦圓球圖作蔚明屯

南喀羅來那國

米志作叟格阿利納亦稱叟邦即志喀南喀爾勒那亦作搜士喀爾勒那搜士譯言南也萬國圖作南喀羅林拿泰西新史作南嘉祿利拿一作南喀羅來羅西南界若耳治東南距海幅員小於北喀羅林有泚底大河流貫其中地罕霜雪多產米

個倫比亞

萬國圖作科隆比阿圓球圖作科侖比阿似即米志哥尒布尒克云爲利璉拒英軍處南喀羅來會城名有大書院二境內渣爾敦米志作查尒士頓萬國圖作槎耳士敦平方圖作查勒斯敦爲東南海口城亦大埠頭出棉米即全志作勒斯盾

卓支亞國

志略作若耳治又作熱可加亦作惹爾日亞平方圖作吉餓尒結亞圖球圖作基奧耳基阿米志作卓爾治亞卽卓邦萬國圖作佐治阿漢文圖作白來喝西界阿拉巴麻南界弗羅耳大略如中國直隸初爲英據若耳治卽英主名也後歸合衆國物產以棉花爲大利

靡里治

萬國圖作密列治羅耳圓球圖作密來鹵斐耳平方圖作密里得給維勒若耳治會城名有大書院西有城萬國圖作阿蘭倫平方圖作亞特蘭大東南臨海城平方圖作塞芬拿以水名卽圓球圖薩發那志略卽番亞全志撒凡那爲出棉花第二要港

弗羅耳大部

志略作佛勒爾阿勒鰲又作縛利他外國地理作夫羅利德米志作福落里得海岸萬國圖作輻羅力

達漢文圖作乏羅里答世界地誌作佛魯里達地學作弗若利達半島地理問答作弗羅利達土股爲合衆國極東南境地形斜伸入海北界佐治阿西北界阿剌巴馬餘皆距海郎泰西新史福祿利達省稱爲西班牙讓出者以探險家之名名之產橘

達那哈

萬國圖作塔剌哈西圓球圖作臺來曷西學會圖作達那哈斯弗羅耳大會城名西臨海灣城圓球圖作搭母帕學會圖作坦友灣名同郎平方圖坦珀又下爲奧乙斯豆灣城名同郎學會圖窩依司特尒灣

阿拉巴瑪國

米志作雅拉巴麻志略作阿拉巴麻又作巴里特摩萬國地志作亞來盤麥萬國圖作阿剌巴馬在若耳治西北界田尼西西界密西息比西南隅距海東南界佛羅耳大因水名國棉花最盛

麼庇理灣

萬國圖作摩庇耳圓球圖作摩比耳平方圖作摩庇里全志作木比利阿拉巴瑪會城名建於海口爲南方輸出棉木大埠頭東北城萬國圖作檬丁馬利平方圖作檬特哥美里圓球圖作莽特勾謀里南郎科侖抔斯城

典內西國

米志作典邦亦作典捏西志略作田納西亦作德內西以河名泰西新史作天乃西萬國圖作田尼西地志作呑諾衰圓球圖作屯乃西東界北喀勒那西與阿甘色隔河爲界幅員略如中國浙江合阡的伊爲米利堅中原

那實

萬國圖作拿是維耳學會圖作那寔惟里圓球圖作訥施斐耳典內西會城名西臨河城萬國圖

作門扉士平方圖作明菲司

米西西皮國

志略作密士失必又作彌斯栖北萬國地志作墨斯西配泰西新史作密細細皮又名密雪雪皮萬國圖作密西息比圓球圖作美西西比在阿拉巴瑪西西北隔河界阿甘色西南隔河界魯西安納密失必河由此士西界入海以水名國

查基遜

萬國圖作扎森圓球圖作扎克森米西西皮會城名

那吉士

學會圖作那吉格斯郎那哲士圓球圖作訥乞斯志略稱又名新阿尒蘭在密士失必河口非是釋名拘於志略外通海港之言統以新疴連士當之與各圖均不符此城值查基遜西南志略誤混爲

淩斯
紐奧斯

紐奧淩斯

米志作紐阿爾連斯，世界地理西新地誌作紐奧利安斯，泰西界地新史誌作紐奧利安斯，世界士地學地理問答作紐窩林，稱我林斯，稱棉花場，又作新第一，萬連圖圖云曾作擊英連，又作新俄尒連斯，又作上平方圖，又作云比國圖，又作紐阿類連，稱地為法開。

大城連外多，海口洋艘所聚，為西南大埠頭，即外國。地理城升遍，類斯稱為著名大都會者。

路伊西阿那國

斯米志作新亞那，志略作魯西安納，法志又作累，安泰作祿細亞那，志略作魯意瀉拿省，萬國圖作魯易西，安地志西亞那在魯細納西洋，必西史要作洛易，路易西亞界提薩士南，距海隔中國直隸其地。坎撒士西界，失必西洋南隔河為界，北界阿作累，用風櫃彈棉花，米昔購自法人如此。中國初為法墾地。

故以路易爲名。卽近史路意志亞拏。云法曾築連珠城堡者。

紐哈連

志略稱爲路伊西阿會城名。其貿易盛處在密士失必河口。按西臨河城。學會圖作波敦魯治。平方圖作波敦魯給。萬國圖作巴敦路治。圓球圖作友屯魯施者。乃路伊西阿會城。志略旣另出紐哈連爲會城。云其貿易在密河口。又云密河口有那吉士城。遂混那吉士於紐哈連。予意紐哈連卽紐奧淩斯屬米西西皮。非路易西阿會城也。

阿堪撒國

志略作阿甘色。亦作阿爾干薩。萬國圖作阿坎撒士。地志作阿墾斯。泰西新史作鴉嵌沙。圓球圖作阿干掃。在魯西安納北。東距密河。西界因底阿。卽英的安土番等處。

力特爾洛克

萬國圖作栗特耳落圓球圖作力特耳老克克阿堪撒會城名

特克司國

萬國圖作提薩士地志作推克舍斯斯全志作德撒斯漢文圖作臺克賽斯泰西新史作退克沙省志略則作得撒亦作德沙又作特极文名費勒多尼亞載於墨國內稱在墨東米利堅西南叛墨自立爲國墨洲圖考則稱爲合衆國迤西部即西洋史要鐵克沙斯初叛墨後降美者產棉

奧士廷

志略作奧斯的音圓球圖作呼斯屯平方圖作奧斯的提薩士會城名

葛耳委士頓

圓球圖作告緋斯屯平方圖作哥佘維士敦南臨海特克司屬城海灣同名其他小部可核者曰哥羅拉多曰瓦盛敦學會圖作華盛頓曰三當多尼亞平方圖作三安多尼俄以河名曰巴

刺塞里亞學會圖作布拉差里亞・日麻的疴介

達學會圖作馬大戈尒達・日哥里牙學會圖作

戈里亞得・以上在美

州中七省南偏迤西・

歐亥歐國 米志作疴海疴亦稱疴邦志略作倭海疴又作疴

宜約萬國圖作疴地志作啞哈亞東游記作

倭海爾漢文圖作俄海俄以水名北距衣利湖

西南界疴的伊英初設官於此旋歸合衆國・

戈攬模士 萬國圖作科隆八士平方圖作科隆布士圓球圖

科妻母抔斯倭海疴會城名・西南城・日新新星

作地萬國地志作信西納得有鐵道平方圖作星

那地的傍河大埠・東北城學會圖作克勒惟蘭

圖圓球圖作其學會圖暹羅斯基・

圖三特士克里夫闌・西郎萬國

印地阿那國

米志作音地亞那，志略作英釐安納，平方圖作英的安納，萬國圖作印地安拿，東游記作因的愛納，地理問答作印第安，圓球圖作英底安那，勒世界地誌作印地安，五州圖考作音田，北界密執安，西界依林奈士，東界倭海阿，幅員與密執安埒，此及歐亥歐均有鐵路通鄰封，民多纖嗇。

英釐安納波里

平方圖作英的安納波利斯，萬國圖作印地安拿破利士，印地阿那會城名，圓球圖則稱國與城同名矣。

伊利那國

志略作奕倫諾爾，又作伊理奈士，亦作意黎乃，萬國圖作伊林奈士，地志作衣里諾斯，圓球圖作乙淩奴耳，漢文圖作英氏安那，蓋統印地安而言，兩部昔本不分故也，北界維士孔新，南界田尼西，幅員與魯西安納埒，東游記則稱較上海大可十倍。

灣達里阿

伊利那會城名。學會圖作灣達里亞，在南、嘉皋漢，其東北要城。萬國圖作世克哥，作芝加皋漢。平文方圖作市，俄哥地理問答作泰西新史作芝加哥，又譯喜加哥志。克哥哥作圓球圖，稱作施嘎果，東游記作西加志。府稱物產地誌作芝加，圓球圖稱作大都會，地學記作西加志稱為密世。科幹湖西南，大城中央諸州，汽車集此。地理作大都會地學稱為密世。國圖圖不作士莊令，非環平方圖作斯勃林，非余南城，萬世。作斯零費費。賽作

肯特基國

米志作建德基，亦稱建邦，即于的基。萬國地志作根都。墾塔愷全志作根德基，志略作阡的伊。又作根都。機在微晉尼阿西北界府，嘻府安、南界田尼西。幅有大風如中國浙江，地處最中，氣候平均。東段連山，產有煙草。穴產煙草。

法蘭富耳

萬國圖作法浛佛圓球圖作夫蘭克堡肯特基會城名有大學堂別有大市鎮二曰累士盛煙草即平方圖累士的學會圖累士惟里 曰歷星頓兵强推諸國勁旅均偱會城南

哀歐洼國

一作要華萬國地志作亞哇懷志略作衣阿華又作依阿威士地形遼濶跨密士失必大河左右萬國圖作埃衍瓦圓球圖作愛烏阿東游記作哀倭窪稱其地有日客連登者火車必經東北界蘇丕利阿湖東界密世幹湖 會城當即萬國圖第奠英圓球圖作代毛英平方圖作得斯摩伊內斯以河名

米蘇利國

志略作密蘇爾躉亦作彌梭里即墨砂里法志作迷失比稱約翰羅銀行通行至此萬國圖作密蘇

利圓球圖作密蘇里耳在阿甘色北東與伊利那隔密河爲界西北界土番以水得名初爲法闢後歸合衆國

渣法句

萬國圖作這弗森圓球圖作齊浮森米蘇利會城名東有城名森盧伊斯萬國圖作聖魯易士世界地誌作聖路易泰西新史作聖羅意盛商業鐵路中心在米蘇利河交會處居國中央以法君之名名之

尼巴司喀國

米志作佐巴紐斯有川同名地爲英開即拿布拉斯格萬國圖作尼勃剌士喀平方圖作內布拉斯加泰西新史作尼把私喀圓球圖作尼白拉斯喀東游記作奈撥拉司加在維士孔新埃痾瓦西落機大山東志略稱合衆國西方荒地遼濶有處斯頓底特力部即指此等土也但所稱種族不能實

指耳洋人謂之因顚。

阿馬哈

學會圖作俄馬哈。平方圖作奧馬哈。萬國圖作痾馬哈。圓球圖作俄麻阿。地屬尼巴司喀。爲火車經行處。附近西南城曰林堅。萬國圖及圓球圖均作淩肯。學會圖作林哥尒尼。

堪撒斯國

米志作剛色斯。泰西新史作嵌紗絲。全志作干撒斯。萬國圖作坎撒士。地志作懇失斯。平方圖作干薩斯。漢文圖作干賽斯。在密蘇利西。落機大山東。尼勃剌士喀南。志略稱合衆國西方荒地有曰威斯頓達多里部者。指此等土。其種族有干薩士。卽堪撒司也。會城平方圖作多伯加。萬國圖作掩丕喀。以上在微晢尼阿西。與中華豫州中原無異。

米西干國

米志作米世幹志略作密執安亦作彌治顏萬國圖作密世幹漢文圖作米希干東北距休侖湖東南距衣利湖西距密世幹湖卽外國地理昧詩顏云三面包湖沙土疏通其地英奪自法歸和衆國

底特律

萬國圖作底特洛圓球圖作代特老愛特五大州志作底特盧以得米西干會城名亦重鎭　西北城平方圖作蘭森圓球圖作蘭星

危士堪辛國

志略作威士干遜亦作威斯滾申達多里萬國地志作冋斯康勝漢文圖作威斯剛星萬國圖作維士孔新在蘇丕利阿湖南密士幹湖西伊利那北志略稱與衣阿華部均未成國恐非現時情形卽全志偉斯祗辛

抹第森

漢文圖作抹底森．平方圖作買的生危士堪辛會城東偏北城臨密世幹湖西岸者萬國圖作密

耳華其五大州志作密尒烏奧介窩機多米穀

民尼搜他國

機平方圖作密尒窩機多米穀

一民尼作米尼所達泰西新史作米尼瑣塔萬國圖作斯乃蘇塔作密乃砂得漢文圖作漢文志略所稱西方荒尼達荒

在北方值士堪辛西北當卽志略所稱有敏尼達

地著士種音與民尼搜他圖作聖坡耳全志圖作散

里著名鐵道中樞圓球圖作聖保羅麥達

粉著名鐵道中樞圓球圖作聖保羅麥達

保勒平方圖作森

包介卽森波介森

南北大呌他國

萬國圖共作達戈塔地志作南北達苛德平方圖

作達科大圓球圖作代科塔世界地學稱達科馬

市北與英屬接壤值特力部中一土昔日土番地

志略所稱威斯頓底特力部中一土昔日土番地

東南屬城萬國圖作揚敦平方圖作燕克敦東南
極北屬城圓球圖作曼丹堡平方圖作曼丹東
卽必斯馬克城以上在合衆
國中土北方直與英屬接境

洼性吞國

萬國圖圖作華盛頓圓球圖稱別一邦卽漢文圖波
士蘭世界地學作婆多蘭得稱當太平洋鐵道起
點爲合衆國西北土會城卽萬國圖疴林辟阿
平方圖奥林比亞圓球圖奥力母丕喃臨科隆比
阿河者與東
方華盛頓異

阿利干國

米志作額里恩稱爲大統領爾孫所闢卽奥利康
萬國圖作疴利刋地志作亞來戇漢文圖作奥來
根平方圖作俄勒岡合衆國西北土會城萬國
圖作撒冷卽全志破德蘭商埠平方圖撒倫學會
圖作撒蘭圓球圖似稱同名稱別一城名薩來毋
圖境內大山圓球圖作開斯開得學會圖作喀斯

喀得科隆比阿河在此土北鐵道由此土通東方

哀大后國

一作依大奧萬國圖作意達和地志作亞達霍圓球圖作愛代和平方圖作伊達荷亦西北土會城據萬國圖名佩士圓球圖作波瓦斯平方圖作波伊西學會圖以此爲部城而稱會城與國同名也

曼他那國

一作蒙大那萬國圖作蒙坦拿地志作蒙德奈全志作門達那平方圖作蒙大拿漢文圖作莽塔那亦西北土會城名浮精尼阿萬國圖作微晉尼阿平方圖作維爾吉尼亞在西南

歪幼命國

一作未奧明萬國圖作歪痾明地志作會明平方圖作窩民圓球圖作瓦愛俄明東游記作威阿明

稱有奇恩呢細呢諸地為火車所必經並黃石林
公囿在界內亦西北土東南城圓球圖作栖營
尼平方圖作徼焉內此與曼他邦均志略所稱
威斯頓底特力部中土番洋人呼為因顛萬國地
志作印甸者
以上西北五土

尼法大部

萬國圖作尼瓦達地志作納維達云產銀漢文圖
作尼法達平方圖作內華達東游記作宜發達米
西土在內省也會城據萬國圖作喀
森學會圖作喀桑內有草地名帕列碎

喀利佛尼亞國

墨州圖考作加利福尼東游記作卡釐方利亞泰
西新史稱嘉禮福尼亞亦名舊金山自墨奪來華
人最多漢文圖作開里佛尼阿地理問答作嘎利
佛尼亞外國地理作加利利料路二也西土在外省
也地產木及金攻鑛處名打池佛來施會城即
萬國圖撒克刺面都漢文圖作撒克拉面土平方

圖作薩克蘭緬多世界地學作沙苦拉明得以上各土當太平洋濱

舊金山

萬國圖稱即三法蘭息士哥括地略作生佛蘭昔司果平方圖作山佛蘭西斯哥圓球圖作聖夫闌息斯科地理問答作散凡西斯哥漢文圖作三布蘭西西斯哥東游記作三藩謝司戈近報作散弗蘭西斯角太平洋邊大城名世界地學稱金門灣桑港外國地理稱東西兩洋交通要港亦太平洋鐵道起點內有華人數萬名支那村乃貿易總滙之區海中地名惡倫長橋逼陸鐵道由此發軔即五大州志歐克蘭

喀羅拉多國

即哥羅拉道平方圖作哥羅拉多圓球圖作考老來杜萬國圖作科羅剌杜地志作克來獨在坎撒士西落機山經其地名石山又名散萬山亦米西土會城萬國圖名典法圓球圖作登茉平方圖

作丹佛。似卽志略威斯頓達
多里部中支羅機士一種。

新墨西哥國

地理問答作美希哥。地理全志作新默西革。近史
作美奇士哥。漢文圖作紐墨西哥。在喀羅拉多及
落機大山南。爲美西土。墨戰敗。割與美。會城萬
國圖作三塔非。圓球圖作散臺夫。平方圖作三達
非。

阿利搜那部

萬國圖作阿利松拿。地志作亞來叢奈。平方圖作
亞利桑拿。漢文圖作阿里蘇那。在科羅剌杜河東。
人數未多。由國會經理。米西土。會城卽萬國圖
禿森。平方圖作土克桑。在南。別城。圓球圖作䰟
來斯考特。平方圖作勃里斯科特。在
北。按學會圖似謂會城同部名。

猶他部

萬國圖作佑塔平方圖作烏臺圓球圖作優達泰西新史作郁華世界地學作由達州東遊記作由達省在喀羅拉多西尼法大東大鹽湖城南人數未多由國會經理亦米西土會城當即萬國圖非耳摩阿界內有惡敦市鎮一作屋敦爲火車經過處即學會圖俄格登西傍大鹽湖者　以上西土城地

亞拉斯加

萬國圖作阿拉土加地志作亞拉斯克地理問答作阿拉斯嘎漢文圖作阿拉斯喀世界地誌作阿辣斯加或作歐克拉后瑪在美西北落些兩山間產金初屬俄後屬美盎美講自俄人者挾白令海峽與亞州東角相對西南伸出大洋者即阿魯申羣島爲火山通日本千島亦即阿留地安羣近史謂之聖阿加土安初爲西人美年探得見下

西德嘎

萬國圖作士的乾亞拉斯加會城名建海島上在息咯島東據他圖尙待商學會圖作次林奇欠然不以爲會城

附島

凡古斐島

學會圖作番古洼志略作彎戈洼萬國圖作萬庫法漢文圖作番科浮耳世界地誌作温克維亞外國地理作晏故怕地學作班哥巴稱其風景宜人當坎拿大鐵道之終值英屬科隆比阿西南

沙羅德島

萬國圖作槎落王后五大州志作卡盧特漢文圖作昆沙婁特灣學會圖作釵落特羣值凡古斐北

偉勒斯王島

萬國圖作威耳士太子漢文圖作魄淩斯外耳斯值英屬科隆比阿西沙羅德北

息喀島

學會圖作執察果失漢文圖作希喀果斯值偉勒斯北

阿第亞克島

地理問答作嘎第阿革學會圖作可底亞克又作可尼亞治羣島漢文圖作科氏阿克值美屬阿拉斯加西南海中其北即阿里阿士喀

阿里阿士喀隅

又在阿第亞克西北學會圖作阿利雅斯加半島又西爲阿留地安亦曰阿留貢怯伊地理問答作阿拉斯嘎士股圓球圖作阿拉斯喀嶼世界地誌作阿留西安羣其海水曲入處曰拜克斯灣圓球圖作科克斯萬國圖作勃利士克耳漢文圖作白力斯透

聖羅連士島

圓球圖作聖老侖斯學會圖作洛連特逼近白令峽以上各島均屬合衆國地望乃在西北

瀛寰譯音異名記卷六

國部城地　附海島　美州

松滋杜宗預編

墨西哥國城地所在

墨西哥

志略又作美詩哥地理問答作美希哥米志作墨是科亦作墨志哥在美南貼近太平洋東邊北界美南界危地瑪拉東距墨西哥海灣西近太平洋地勢漸南漸削由西北而掉於東南距諾爾德河及革羅拉多河入海之口墨州圖考稱分二十七省志略稱大部十九首部卽墨西哥亦共和國西人所用銀錢出此多鑛產常招中國日本人耕

達拉爾般

墨州圖考作德諾的蘭墨國昔時都城志略稱卽在墨西哥首部中地低窪受水患今都城外國地

理稱名咩其西箇在高原
上師美希哥轉音據火山

給勒打羅
值瓜那叔阿東南墨州圖考作給勒達羅圓球
圖作開來塔羅據學會圖·乃希德爾哥首城·

瓜那叔阿多
墨州圖考作瓜那寂阿多·圓球圖作夸
那齒瓦拖會城名同·值給勒打羅西北·

迷刷干
值哥黎麻東墨州圖考作米沙干圓球圖作米綽
刊地理志略作俄利刊中國人多居此·會城名
瓦拉多黎圓球圖作摩里力阿·平方
圖作瓦牙多里學會圖作摩勒里亞·

沙黎斯哥
值薩加德架西南墨州圖考作沙里斯哥·漢文圖
作哈里斯科·會城曰瓜達拉沙喇地理問答作

瓜達拉哈拉。圓圖作果阿答拉察拉。漢文圖作阿達拉察拉。墨州圖考作阿挂斯加連得。附近銀山鑛徒所萃。爲第三大城。

薩加德架

墨州圖考作散加德加。平方圖作薩加得架。圓圖作薩喀臺喀斯。會城名同。值都郎額東南。

索諾拉

值烏勤土北。圓球圖作梭奴拉。以河名。會城名維拉德佛爾的。圓球圖有優耳斯。

濟華花

值索諾拉東南。萬國圖作蚕華花。圓球圖作乞瓦瓦。會城名同。

都郎額

圓球圖作杜蘭果。會城名同。值薩加德架西北。

墨西哥　六

西納羅阿

圓球圖作昔都羅阿平方圖作西拿羅亞會城名同値都郎額西北屬城近海灣者萬國圖作庫力阿刊平方圖作庫里亞根在北日馬撒藍學會圖作馬薩代蘭在南

卓哈冋拉

學會圖作科亞赫拉墨州圖考作各哈阿拉圓球圖作科阿威拉會城名蒙哥羅瓦圓球圖作莽克羅發學會圖作蒙克羅瓦値新艮西北

新艮

當卽學會圖諸佛勒汪圓球圖努愛佛來翁會城名蒙德勒萬國圖作蒙德累圓球圖作莽透來値達毛棃巴西北

達毛黎巴

值桑盧意斯北墨州圖考作達麻里巴圓球圖作塔毛里帕斯會城名阿瓜約圓球圖有斐拖里阿郎平方圖維克多利亞而音別

委拉古盧斯

值布委巴拉東萬國圖作委拉克魯士地志作維克魯木云在東海岸漢文圖作緋拉克魯斯會城同名臨干批治海灣世界地誌稱維克爾志要港地學稱耶蘭庫爾士佳港外國地理稱比拉箍路儲艮港與亞加布設於國之兩岸貿易甚盛鐵路通都城

桑盧意斯多波塞

值瓜那寂阿北墨州圖考作桑路意波多西圓球圖作聖魯乙斯平方圖作斯波多塞會城名同

布委巴拉

值墨京東南墨州圖考作布厄巴拉平方圖作普白拉五大州志作普伊布拉圓球圖作拉漂愛白

拉會城名同郎全志伯
偉伯拉稱第二大城

華沙加

値濟阿巴西漢文圖作瓦察喀會城名同 西南
濱海城萬國圖作特奐德壁圓球圖作臺汪臺排
克海口
同名

濟阿巴

値達巴斯哥西南墨州圖考作希阿巴圓球圖作
乞阿巴漢文圖作乏阿巴 會城名盧達勒阿爾
平方圖作斯格
利斯多波爾

達巴斯哥

圓球圖作塔巴斯科會城稱同名志略則稱
名三的阿名學會圖稱名森周値干比支西

莫勒羅士

萬國圖作烏勒士.平方圖作烏勒斯墨
國花方省名.值加里佛爾東.索諾拉南.

于加敦

志略又作宇革單.萬國圖作于加丹.外國地理作
腰加吞地理問答作猶嘎旦.士股同名.漢文圖作
堯該屯世界地學作由加敦半島.稱爲美國地中
海.即地誌嘎敦半島.會城名美里達.萬國圖作
美鼇達.漢文圖作邁里答.平
方圖作美利達.值干比支東.

干比支

萬國圖作坎批治.平方圖作干伯徽.地理問答作
干備支.海灣同名.漢文圖稱是處有開母丕江.應
值于加
敦西.

加里佛爾尼阿

萬國圖作下加鼇福尼阿.外國地理作下加利料
路也.漢文圖作下開里佛尼阿.地理問答作嘎利

佛尼亞土股。世界地學作加利哈尼亞半島灣名同。會城志略名桑加爾蒙德雷萬國圖有剌巴士。平方圖作拉巴斯學會圖作拉瓜斯。與志略多未符。

新墨西哥

米志又作新墨志哥圓球圖作紐墨西哥志略稱爲四小部之一。今美西土初屬墨後屬美者東與美之阿利松拿相値。互見。

哥黎麻

値迷刷干西。臨太平洋。志略稱小部。墨州圖考作哥里麻。漢文圖作科里麻。會城名同。

亞加補羅可

志略稱墨國西地大海口。西洋史要作亞加樸哥。平方圖作亞加普爾科。萬國圖作阿喀布耳科。圓球圖作喃開普耳科地理問答作阿嘎布勒哥。其城貼近太平洋。世界地學作阿加布爾科。地誌作阿加布科。外國地理稱亞加布路藎貿易艮港。昔時西班牙商船多來此。卽圜球圖該來羅學會圖古爾勒羅屬埠。

馬探摩剌士

在韃靼格蘭河口。地理問答作瑪達摩拉斯。平方圖作馬大摩洛司。圜球圖作邁代毛辣斯。據圖卽墨國海灣一城。似屬志略之達拉斯加拉。近史作特拉士加拉。云昔首降西班牙臣者。

附島

瓜達羅巴島

漢文圖作考答魯排。學會圖作瓜打六布。在下開佛里亞西

來斐拉希海桑臺島

學會圖作勒維剌吉基多。又勒維雅希赫多。在北太平洋中。西南與哥黎麻相值。

中亞美利加城地所在

中阿美利駕

志略稱北亞墨利加南境各國.地理問答作中亞美利加.外國地理稱中央亞美利加在墨東南.南美西北.地形愈狹.亘隔兩海間.中高外坦.安達斯山通貫如脊.中有火峰甚烈.除英領比釐斯外.分五共利國.均叛墨自立.

危地馬拉國

萬國圖作瓜地麻剌地志作求德瑪拉.西洋史要作瓜地麻拉.云曾叛西班牙.地理問答作瓜第瑪拉.世界地學作夸帖馬拉.漢文圖作告提抹辣.外國地理作涯爹馬拉.西北界墨東北與東連大小安提海.

新危地馬拉

地理問答作新瓜第瑪拉漢文圖作告
提抹辣危地馬拉會城名稱中美巨擘

桑薩爾瓦多耳國

萬國圖作三薩耳瓦多地志作生失維度亞地理
問答作散撒勒法都漢文圖作三撒耳巴特耳圓
球圖作聖薩發道世界地學作散薩巴多地誌作
賽爾瓦多外國地理作沙路瓜德路會城同名在
危地馬拉南閧都拉斯西南卽括地略桑爾多耳
米志桑撒窊突兒稱爲科倫布尋地繫舟處地最
小

閧都拉斯國

萬國圖作閧都拉士地理問答作很度拉斯漢文
圖作從杜辣圓球圖作翰督拉世界地學作洪鳩
蘭士外國地理作空趙拉士當
危地瑪拉東南尼加拉瓜西北

哥麻雅瓜

志略作哥麻牙瓜萬國圖作哥馬雅瓜地理問答作哥邁亞瓜圓球圖作科麻夸閧都拉斯會城名有兵額五百

尼加拉瓜國

萬國圖作尼喀拉瓜地志作尼克拉求地理問答作尼嘎拉瓜漢文圖作逆喀拉夸世界地學作尼加蘭夸外國地理作里加拉滙當閧都拉斯南湖名同水與散歡河通

艮

萬國圖作滿拿瓜地志作麥納求學會圖作馬拉告地理問答作瑪那瓜尼加拉瓜會城名附近有滿拿瓜湖湖西北城萬國圖作利安漢文圖作里昂一作利央音與艮尤近或志略不以滿拿瓜爲會城所稱之艮郎里昂與濱湖南一城日加拉那大萬國圖作格蘭拿大貿易繁與郎學會圖格列拿達又東南爲尼喀拉瓜湖

哥斯德爾黎加國

萬國圖作科士他力喀地志作考斯脫里克地理問答作作革斯達利嘎世界地學作科士達利地誌作科斯脫力加漢文圖作考斯塔里噶郎高斯大里克外國地理作蓋斯他利加値中美最南東南抵巴拿馬頸西南抵太平洋

桑若塞

萬國圖作三和塞地志作生及斯學會圖作桑約塞地理問答作散貨色漢文圖作杜耳賽郎三若西哥斯德爾會城名在山谷中別一城全志作散歡近美人意由此城沿河循湖西向開新河郎萬國圖三呼昂在山北此國北爲莫斯給多會城萬國圖作布路非耳士學會圖作布魯斐尒德施其海涯亦曰莫斯給多郎萬國圖蚊子濱

英屬閔都拉士

英志作亨都拉萬國地志作況地拉斯北界于加敦南界三薩瓦多西界危地馬拉東臨加比安海嘉慶朝英人自西班牙奪得

比釐斯

即百里斯萬國地志作培利士漢文圖作拜里里外國地理作比里斯又作比利也士地理問答作巴利斯稱爲中美西北地貼近嘎比利海英屬閔都拉會城名在閔都拉士灣西北歸楂墨加島英弁管轄

巴拿馬

値哥斯德尒東南萬國圖作巴拿麻漢文圖作帕那麻地理問答作巴那瑪城在巴那瑪鐵路南土腰名同東非城名阿斯濱瓦勒圓球圖作愛斯平瓦學會圖作亞斯奔威爾在巴那瑪鐵路北郎世界地誌格昂稱鐵路由此達巴拿馬者巴拿馬爲南北美毗連地以一綫界隔兩海濶僅六十里

志略稱屬南美可
侖比亞。亦互見。

附島

聖安得祿島

學會圖作安得留。又北島。萬國圖作舊普魯維
典。士學會圖作老普羅維典西。東北島。學會圖
作塞拉那。萬國圖作薩蘭拿開士。三島在
加勒海西。與尼加拉瓜。闊都拉士相距。

南亞美利加國部城地所在

南阿美利駕州

志略稱南亞墨利加各國地理問答作南阿美利加古時稱應加國在北美東南喀利比海南

可倫比亞三國

志略又作可倫巴亦作金加西臘萬國圖作科隆比阿地理問答作哥倫比亞世界地誌作科倫波南美極北境西北至巴拿馬東南界巴西北距大西洋西距大洋海因西班牙臣可侖尋得而名現均叛西自立爲共和國

新加拉那大國

萬國圖又作新格剌納達稱即科隆比阿地志作紐爾拉納特學會圖作干的拿馬加漢文圖作紐克來乃答西洋史要作紐噶辣那達偪南美西北境由巴拿馬一綫可與北美相連北枕喀利比海

南接巴西。東至英新地。西至秘魯。共和國。粟麥每歲收穫四次

波哥大

萬國圖作波哥塔。地志作薄犄得。在山東鐵道通紅大。圓球圖作保固塔漢文圖作索哥爾世界地誌作柏葛他外國地理稱波高他首府志略稱爲新加拉首部。都城與部同名。建在平原。西南地圓球圖作乃發。平方圖作內瓦。

安的育基亞

萬國圖作安第俄基阿。圓球圖作安丢啓阿。會城名墨德零圓球圖作邁代淩。值新加拉西北。即五大州志眉底林。

馬黎濟大

圓球圖似作拉愛俄乃格羅。學會圖作馬利尼拉。五大州志作巴蘭機拉。會城名紅大。圓球圖作

杭答值波哥大西北。

波巴馬

圓球圖作坡帕雅恩，亦新加拉分部，會城名同值波哥大西南。

不哀那溫都拉

值波哥大西臨海，萬國圖作布納文都拉，圓球圖作布那番吐拉，海口同名。會城名義師官德學會圖同。

巴拿馬

亦新加拉分部，與危地馬拉接壤，卽美人欲斫斷者，近以鐵路代運河，全美最狹處。會城名同，互見中美。

加爾達日那

萬國圖作卡搭㸃納・地理問答作嘎達亥那・新加拉分部・會城同名。爲北方大海口・值委國馬拉該波西蒙波士西北・

蒙波士

值加爾達日東南・萬國圖作蒙坡圓球圖作孟泡漢文圖作蒙保克斯・新加拉分部・會城同名・

巴斯多

圓球圖作帕斯拖・新加拉分部・會城同名・值波巴焉南・不哀那溫都又南・

索各羅

值波哥大北・圓球圖作梭考羅・新加拉分部・會城同名・南有部・志略作冬旦・圓球圖作冬哈

三達麻爾大

值蒙波士北・圓球圖作聖麻搭・新加拉分部・北臨開比力海・會城名同・三達麻・學會圖似易爲馬

格達勒拿。

邦不羅那

値紮各羅北。萬國圖作攀伯路納。新加拉分部。會城同名。此與索各羅。學會圖似易爲山坦特。

厄瓜爾多國

萬國圖作厄瓜多。地志作伊扣獨亞。云號共和地理問答作哀瓜多。漢文圖作晻蒯道。世界地學作葉夸達。西洋史要作哀夸多耳。外國地理作耶箍亞德路。在巴西西新加拉南。南即秘魯

比晉作

地理問答作比申沙。厄瓜多首部。都城即建此部山谷中。

基多

圓球圖作啓拖。郎夸拖多。風景地理問答圖作拐阿基勒。世界地誌作開多。稱有大學。地學作葵多。

一作其頭、一作基都、外國地理作期馳、厄瓜多都城名、卽在比晉作部內、又西北、臨大洋、 鄁城東南、卽萬國圖三塔羅薩、學會圖森羅薩、

馬那比

厄分部、會城志略作波尒多維也若、學會圖作波尒多維也約、値首部西、臨太平洋、

井波拉索

全志作眞波拉梭、一作生比拉索、厄分部、會城志略作約里邦巴、圓球圖作留班巴、値瓜亞基尒東北、

瓜亞基爾

値官加西北、萬國圖作瓜雅基爾、地理問答作拐阿基爾、圓球圖作夸愛阿啓耳、灣名同、厄分部、在西、近海口、民用竹屋避地震、城名亦同、通國稱第二、亦貿易要區、

英巴不拉

學會圖作英巴都拉。厄分部。會城日義巴拉。值首部比晉作東北。

官加

萬國圖作坤嘎。圓球圖作庫恩喀。厄分部。會城同名。值瓜亞基爾東南。據學會圖。當屬亞蘇亞。

羅沙

值官加南。萬國圖作羅哈。厄分部。會城同名。據學會圖。當屬羅遮。

倭音

當郎圓球圖俄拉恩。厄分部。會城同名。

厄司美拉道

萬國圖作厄士美拉爾達。士平方圖作挨斯彌拉爾得斯。臨海。迫近本國西界盡處。

委內瑞辣國

萬國圖作委尼瑞剌。地志作維尼助拉。地理問答作分額兒拉。圓球圖作番乃賽拉。世界地學作別涅茲微拉。西班牙人稱小別尼士。外國地理作龍尼招拉。在科倫比亞與歪阿那之間北枕喀力比海。南界巴西。其和國教育頗盛。

加拉架

學會圖又作佛德拉爾。北臨加勒比海。萬國圖作喀拉加士。地志作客來克。地理問答作嘎拉嘎斯。圓球圖作喀來噶那。世界地誌作加拉卡斯。外國地理作加拉加斯。即喀剌喀委內瑞辣首部。都城名同。即建是部山谷中。近海濱。

加拉波波

即加拉坡。值加拉架西。均北臨海。海口同名。當即地理問答拉拐拉。委內分部。會城名瓦稜西亞。

萬國圖作瓦連西阿圓球圖作發羅希阿全志作法連第亞稱第二大城釋名誤分爲一部

馬拉該波

東北與哥羅隔海峽相值萬國圖作馬拉開波地理問答作瑪拉該波漢文圖作麻拉喀卽麻拉喀愛波委內分部會城名同南有湖北有海灣均同名

哥羅

圓球圖作科羅委內分部海灣會城名均同西南與馬拉該波隔海灣相值

都盧詩羅

學會圖作特盧濟羅圓球圖作普魯希羅漢文圖作特魯希羅委內分部會城同名值美黎達東北

美黎達

値馬拉該波湖東南、圓球圖作薦里答、漢文圖作妹利大、委內分部。會城同名、據學會圖、似屬固自曼。

亞不勒

圓球圖作亞白老透、委內分部。會城曰亞沙瓜、平方圖同、値美黎達東南。

瓜牙那

値巴爾塞羅斯東南、學會圖似作玻里非亞、委內分部。會城曰昂哥斯都拉、萬國圖作昂哥士都拉、圓球圖作安昔斯士拉、又名保力發。西南城。漢文圖作聖萬迺吐拉斯、學會圖作亞突勒斯、圓球圖作聖萬阿士土來斯、平方圖作亞土列斯。西傍痾勒諾哥河、在委界外。

古麻那

値巴爾塞羅斯東北、圓球圖作庫麻那、萬國圖作古麻納、漢文圖作唵庫麻那、委內分部。會城名同。

北臨加勒海。

瓦黎那

漢文圖作巴里那斯。委內分部。會城名同。或即學會圖古麻那東之友里亞半島。不然則古麻那南之馬土林。

馬爾加黎大

委內分部。會城名亞松桑。即圓球圖奄松西桑。據學會圖。乃一島在加勒海中。值古麻那北。

巴爾塞羅那

圓球圖作巴賽羅那。萬國圖作新巴錫倫納。委內分部。會城名同。值古麻那西南。

巴西國

志略又作伯爾西。又稱布拉熱爾。譯言紅炭。萬國圖稱勃拉西爾。地志作勃來如尒。一作巴喇西勒漢文圖作白來齊耳外國地理稱南美大國占東部及中央大半皆茂林曠地多金鑛北東兩面距大西洋西北界科倫比亞西界秘魯玻利西南界巴拉乖與烏拉乖占地最廣行葡語以地本葡人採得君亦葡人之故政由自主省部可攷者列下一說近改省爲國

里約熱內盧

志略又作牙匿羅萬國圖作釐俄特扎尼羅又作釐俄特沙尼羅地理問答作略乍內羅漢文圖作排特羅泡力斯又作力俄拖尼羅外國地理作略塞尼羅世界地學作利窩架流地誌作了加奈若有海灣稱良港巴西首部都城同名建於海濱爲通國大埔頭城北又有巴希阿要港即學會圖巴拉希阿河口萬國地志培西亞港市

勝寶盧

值都城西偏北墨州圖考作聖保祿圓球圖作聖泡羅萬國圖作聖保羅漢文圖作聖堡巴西分部

會城名同。

巴拉納

值勝賓盧西偏南。漢文圖作巴拉那。學會圖作巴拉拿。圓球圖作帕拉那帕。據圖亦巴西分部。南有城。日庫力提巴。平方圖作庫里的巴。又西南卽漢文圖之聖尼科拉斯。

巴拉納瓜

值巴拉納東偏南。臨大西洋海。漢文圖作巴拉那加。學會圖作巴拉那瓜。巴拉納屬城。西與庫力的巴相值。

三達加達里納

墨州圖考作聖加大利納。圓球圖作聖喀臺里那島。會城名德斯德羅。萬國圖作德士塔羅。值巴拉納瓜南。臨海。

勝伯德祿

萬國圖稱釐俄格蘭。又名聖丕德羅。平方圖作里約哥蘭的。其總部當卽萬國圖釐俄格蘭多素尒。漢文圖於是處載有阿來格來埠。卽釐俄格蘭轉音也。巴西分部。會城志略作伯爾達勒給勒。學會圖作伯尒多亞勒給勒。東臨大洋。値巴多斯湖北。墨州圖考失載。

馬的噶羅素

値阿馬梳納士南偏東。墨州圖考作馬力克羅索。萬國圖作抹拖格洛素。又名維刺卑刺。漢文圖作麻杜格爾斯。圓球圖作麻拖格老梭巴西腹地分部。會城同名。南有屬城。萬國圖作庫衣阿巴日本新地球圖作庫雅巴。以河名地。

哥牙斯

値馬的噶羅素東。墨州圖考作噉牙斯。萬國圖作戈雅士。平方圖作痾阿斯。圓球圖作斐拉布阿。又名果亞斯。一名果雅土巴西分部。會城同名。東隔山城。平方圖作加塔拉俄。圓球圖作齋尼伍愛力阿。其北屬城學會圖作巴多英伯利尒。萬國圖作波杜壥丕利尒。西傍多干定河。

斯不黎多三多

值迷那日來南偏東。臨海。墨州圖考作斯彼利多三多。學會圖作厄斯丕里多三多。巴西分部。會城日維多里亞。萬國圖作維拖利阿。漢文圖作斐克拖里唵。

迷那日來斯

值痾阿斯南偏東。墨州圖考作米勒日來斯。萬國圖作迷納士沙賴土。圓球圖作泡臺米格來。平方圖作迷羅日來斯。巴西分部。會城日額羅不雷多。偏西南。東北城圓球圖作笞愛曼氏那日本新圖作德亞曼達拿。平方圖作的亞曼的亞。

波妥塞固羅

圓球圖作泡拖賽固羅，學會圖作塞古羅，值剔而

蒙德河，卽大拜耳莽河出口，南巴西屬城，在迷那

日來東北，南臨西洋。

巴義亞

値波安塞固羅北，迷那日來北偏東，萬國圖作巴

衣阿，地理問答作巴伊阿，世界地誌作巴海涯，巴

西分部會城同名，亦東岸大埔頭灣名，同卽漢文

圓聖薩爾發雜，學會圖又作薩爾介法達是也，當値

圓球圖康塔斯郞，康大斯郞聖排

得羅，卽三伯得羅，又北偏東。

塞爾日貝

値巴義亞北，三法蘭河南臨西洋，圓球圖作賽耳

西排代來，巴西分部，會城日勝基利斯多望，一

作聖幾里斯多門，東北臨海城，萬國圖作阿拉

喀祖，學會圖作亞拉加周，似以此爲塞介白貝會

城。

阿拉痾瓦斯
値三法蘭河口北墨州圖考作亞拉哥瓦斯學會
圖作亞拉哥亞斯圓球圖作阿拉果阿斯巴西分
部會城名同東臨海

伯爾能不各
値阿拉痾瓦斯北鐵路通都城墨州圖考作伯爾
能步各圓球圖作剖耳能術耳萬國圖作帕南布
哥又名利息符地理問答作伯南布哥漢文圖作
剖耳能術果世界地誌作皮倫布科稱糖業良港
巴西分部會城日勒西非當萬國圖瑪西崴義又
一城日利息符即勒西非轉音 瑪西崴學會圖
又作摩
西俄

巴來罷
値伯爾能不各北萬國圖作爬拉衣巴圓球圖
作帕拉伊巴巴西分部會城名同東臨西洋

北里約哥蘭的

値巴來罷北萬國圖作釐俄格蘭多諾特墨州圖考作里約克蘭稱分南北二部南部即前聖丕德羅異名此爲北部會城曰達那里學會圖又作利斯馬戈斯圓球圖作乃達耳東臨大洋

西阿拉

値北里約哥西偏北萬國圖同又名佛塔利薩學會圖又作法大列剎巴西分部會城名同漢文圖作唵來喀剔東北臨大洋

標意

値西阿拉西萬國圖作丕澳伊學會圖作比亞海爾圓球圖作丕拉巴西分部會城曰痾滅揀斯萬國圖作俄挨剌士圓球圖作果伊拉斯平方圖作鄂伊拉斯西北城平方圖作開西亞斯萬國圖作喀西阿士東傍巴拉那衣河

馬拉娘

値標意西北近阿馬孫河口小島墨州圖考作馬拉膿萬國圖作馬蘭陽圓球圖作麻蘭海俄平方圖作馬蘭哈俄會城日勝盧義斯萬國圖作聖魯易士北臨大洋

加郎巴拉

値馬拉娘西墨州圖考作巴拉圓球圖作泡毋巴耳巴西分部會城名伯零當卽萬國圖三塔伶平方圖作山達林圓球圖作散塔侖志略稱巴國腹地西北隔阿馬孫河對峙者萬國圖作裘比度土平方圖作鄂碧多斯

阿馬梳納士

値巴拉西日本新地球圖作亞馬森那斯學會圖作亞馬索拿斯卽世界地誌賽維阿士稱爲阿馬森河流域一大平原者會城名八拉文名曼撓士平方圖作馬羅斯卽馬拏斯

亞馬孫

漢文圖作唵麻森，巴西屬地，志略無，一說即阿馬梳納士，

爬剌納衣巴

値標意北圓球圖作帕拉爬伊巴，學會圖作巴蘭亞義巴又作巴拉那呼巴，河名同，城臨此河出海之口，附近東一城，即漢文圖伊喀吐也，

帕拉

學會圖作伯靈，又作伯拉，漢文圖作伯里巢，値多干定河入海之口，即名伯拉河口，巴西屬地貿易場，

秘魯國

志略又作孛露，亦作北盧，俗呼下秘魯，圓球圖又作丕魯，南美名國，鳥糞硝石爲海岸特產，北界厄

瓜多、南界智利、西南距太平洋海、東界巴西、亦哥
倫波所開地、後叛西自立、昔年曾買中國人作工、
攻鑛、安達斯山
環其國西如帶、

利馬

地理問答作利瑪、圓球圖作力麻、世界地誌作尼
麻秘魯首部、都城同名、即建於是部利馬河濱、有
最古學校、爲南美大商會、海港名加拉窩、萬國
地志作客魯、圓球圖作喀拉俄、亦臨海城名、即五
大州志加爾拉阿、鐵道穿
山、達亞馬孫河源、互市、

阿勒基巴

東與不諾隔山相値、西臨太平洋、萬國圖作阿力
基巴、五大州志作亞列奎帕、圓球圖作阿來啓帕、
平方圖作坦勒基多、會城同名、秘魯分部、南偏
東城、平方圖作伊斯來、圓球圖作伊來、西臨太平
洋、

不諾

值古斯各南偏東，萬國圖作普諾，學會圖作勃諾，圓球圖作普奴，秘魯分部，會城同名。西南城圓球圖作伊羅，即伊洛，平方圖作大也。洛臨海，據學會圖乃摩基瓜屬城。

古其各

萬國圖作古士各，漢文圖作庫斯果，即古斯哥，秘魯分部，會城同名。值不諾北偏西，全志稱即古廳。加國京城附近出毛織物。

阿牙古說

值古斯各西，圓球圖作阿愛阿庫綰，漢文圖作野阿，即萬國圖以阿庫楚，會城名瓜忙加，西隔山近出毛織物。

阿牙古說

阿即阿牙古說，西利馬，南者，萬國圖作奠喀威利。卡值城圓球圖作歡喀，番里喀平方圖作呼安加佛斯利。加值阿即萬國圖，科灣名又西南城，均臨太平洋南，即辟泰科，亞島有鳥窠學。

會圖作音得平登西亞灣．

入凝

秘魯分部　會城名華奴哥圓球圖作瓦奴科．值巴士哥北．在大山東．

利卑爾達

值卡雅馬利南．在大山西．秘魯分部．　會城名都盧詩羅．學會圖又作集模圓球圖作特魯希羅．西臨太平洋．東北即萬國圖華麻楚哥．學會圖作呼馬楚科．又東北隔山．即學會圖摩約邦巴．萬國圖作摩然巴．東距烏開亞利河流域未遠．

卡雅馬利阿

值利卑爾達北．秘魯屬．當即漢文圖柏加斯麻約．平方圖加遮馬加．會城同名

卡勞

東與巴士哥隔山相値漢文圖作加路我地理問答作嘎嘮稱爲秘魯海口大鎭或卽利馬南加拉窩海港

巴士哥

値華奴哥南秘魯屬土城最高圓球圖作帕斯夸學會圖作加羅德巴斯哥平方圖作巴斯哥釋名以丕斯科當之誤又南城平方圖作塔里麻圓球圖作塔麻巴士哥鐵路達京

士達納

秘魯屬土値阿勒基巴南平方圖似作大克拿又在伊洛東南方

阿里喀

萬國圖作阿力喀平方圖作亞里加秘屬土又在士達納南臨太平洋並士達納均北隔山與不諾相値

玻利非亞國

志略文作摩里威那亦稱高秘魯萬國地志作薄里維亞地理問答作波利斐亞漢文圖作波力斐唵世界地學作波利比亞地誌作伯利維亞外國地理作波里非亞在馬爹拉河上流因委內將軍有保護功而名本與秘魯爲一後叛西班牙別立爲民主國南界拉巴拉他東北界巴西西南界智利西距大洋海高峯在國內名索拉塔

朱基薩加

墨州圖考作朱基散加萬國圖作朱規薩加圓球圖作楚敵薩喀世界地誌作基几卡加高原玻利非亞首部　會城志略作乍爾加斯一作需克耳學會圖作蘇克里全志作蘇革雷萬國圖作蘇克列漢文圖作伍抔拉世界地學作士庫列地誌作休克外國地理作箍斯吻建於首部平原中釋名作誤合都城部名爲一

巴斯

値哥沙邦巴西北的的湖東市埠第一學會圖作拉巴斯萬國圖作剌巴士全志作拉巴德云鐵路通湖漢文圖作拉帕斯玻利分郡會城名巴斯達牙古叔學會圖則稱與部同名

疴魯羅

萬國圖作鄂魯羅圓球圖作俄魯羅玻利分部會城名同北與巴斯隔河相値

波多西

値疴魯羅東南萬國圖作波拖西地志作拍禿西圓球圖作坡拖西漢文圖作巴拖西世界地學作波多希稱爲最高都𨑨誌作泊多西玻利分部銀鑛最王會城名同

哥沙邦巴

値巴斯東南一作哥沙班巴圓球圖作科察巴母巴萬國圖作科察邦巴玻利分部會城同名在都

城西北

三達古盧斯

値哥沙邦巴東都城東北萬國圖作三塔克魯士漢文圖作聖克魯斯玻利分部會城同名其有志略未載而界屬玻利國者曰素剌塔學會圖作素拉塔以山名卽伊蘭普値巴斯北的的湖東北又西北卽學會圖阿山戞羅平方圖作亞三治羅其三大克拿跨馬摩里河者漢文圖作散庋納圓球圖作散安訥文在最東北曰剔林尼達値哥沙邦巴東北平方圖作特里尼達漢文圖作杜里尼達德曰達里沙値朱基薩加南萬國圖作塔力哈平方圖作大里遮圓球圖作塔里哈曰亞達加馬卽學會圖亞大加馬平方圖亞塔駕値波多西南曰可比哈漢文圖作科比阿平方圖作科比遮學會圖又作普大拉馬東與達里沙隔山相値亦臨海曰鄂力頓卽學會圖可項巴平方圖可倫巴値三達古盧斯東南曰乙啓開値可比哈北西臨大洋萬國圖作以其克學會

圖作伊基圭平方圖作挨基克屬大拉巴加日白泥一作拜尼江名同圓球圖又作科尼值科察巴母北均玻屬

智利國

志略又作濟利一作赤利地理問答作支利在秘魯南四時與中國反爲狹長國北界玻利東阻安達斯大山鄰拉巴拉他西距大洋海南至麥折倫海峽地形如帶內多火山俗重農產銅秘魯玻利非亞及此國初均西班牙闢後乘西亂始自立爲民主國

散地牙義

地理問答作散第亞哥萬國地志作聖替喝郎散提阿勾平方圖作散地亞哥圓球圖作散提阿果世界地學作散其阿哥地誌作山的亞葛當郎萬國圖三斐蘭杜漢文圖三查格外國地理三茶臥智利首部都城與部同名建於多波加爾馬河岸亦在高原深林中每患地震鐵路通各處

阿公加瓜
一作亞岡加瓜。似即圓球圖科昆波。智利分部。
會城名桑非里卑。萬國圖作三非力丕。值都城北
偏
東。

哥固英波
值阿公加瓜又北。萬國圖作可排阿波。平方圖作
哥巴波。圓球圖作科丕阿玻。智利分部。會城名同。
此部之北。平方圖有塞勒綮。學會圖又名科金
波。或即漢文圖拍坡梭。又南。學會圖有伊拉比尒。
或即漢文圖善乃來耳。又南乃
悉里納。或即學會圖基羅塔。

哥爾乍瓜
值都城南。智利分部。會
城名古黎各。又在部南。

卯勒

値哥爾乍瓜又南。智利分部。會城名高給尼斯。西臨大洋。圓球圖及漢文圖載有羅拉。卽此部。

塔耳喀

値卯勒北偏東。地理問答作達爾嘎。平方圖作大尒加。智利屬土。會城同名。居第三。

公塞桑

値塔耳喀南偏西。萬國圖作孔變箇。圓球圖作康塞魄西翁。智利分部。會城同名。西臨大洋。又東卽智蘭。

瓦爾的維亞

値阿蘭菰又南。萬國圖作瓦地維阿。漢文圖作發耳氐斐阿。智利分部。會城同名。西臨大洋。

濟盧哀

値波杜蒙特又西南。瓦尒的南。地理問答作支羅偉。萬國圖作蚩洛挨。平方圖作濟盧。圓球圖作乞

愛羅維。漢文圖作羅維愛。智利島部會城曰桑加爾盧斯臨大洋

法巴來梭

値都城北。阿公加瓜南。一作瓦巴勒素。五大州志作窪兒巴來曳。平方圖作法尒巴來索。萬國圖作巴瓦賴素。漢文圖作發耳帕拉愛梭。智利第二大城。譯言安樂園谷意。附近海濱。爲大商埠。卽世界地學巴伯來梭要港。地誌維爾博伊士港。萬國地志維尒泊來砂艮港。比於北美舊金山。鐵路接京城。

阿蘭抹

値公搴桑南。漢文圖作阿剌個。平方圖作亞瑙哥。智利屬部。城名同。在北。西臨大洋。

波杜蒙特

値濟盧島北偏東。漢文圖作波土蒙土露。平方圖作布尒多瑞特。學會圖又作麥里卜利。智利屬土

安哥爾

智利南方部。會城同名。在巴塔貢尼阿南境。據學會圖。在公塞桑南。瓦尒的維亞北。與志略殊。

麥折倫

志略作麥哲論。西洋史要作馬基郎。一作麥者郎。即馬格崙。近史作麥志倫。智利部名。在巴塔貢尼阿南。以葡人始至其地而名。海峽名同。即漢文圖麻齊侖。世界地學麻善蘭。地誌麻賽辣。地理問答瑪遮蘭。海腰。商船西往智秘等處者。取道於此。東通西洋。西通太平洋。隔峽即鐵耳島。

拉巴拉他國

志略又作孛臘達。亦作由乃的朴拉文士。士一作阿真提尼。萬國地志作亞健吞。外國地理作亞路貞千。圓球圖作亞真田。云即拉魄拉塔。西洋史要作拉布拉達。地理問答作阿很第那。漢文圖作阿根廷。世界地學作亞爾然丁。亦稱銀國。巴塔貢尼阿大半屬焉。在智利東。中隔大山。產羊毛。北界玻

利南接巴塔貢尼東界巴拉乖烏拉乖東南距大西洋初爲西班牙所據後逐守者效美自立爲共和國歐人移去者多

不宜諾塞利

學會圖作不宜諾斯艾利斯一作捕諾愛勒萬國圖作卜諾塞力士地志作婆諾斯哀利圓球圖作布耨賽力斯地理問答作伯偉揶哀勒漢文圖作伯那斯愛列斯世界地學作別諾士愛爾稱南美第一都會地誌作卑勒阿來有電綫通歐州鐵路達智利郎外國地理羆耐些尼斯拉巴拉他首部都城同名建於巴拉大河濱近人作普剌愛利斯國若弗知其爲巴拉巴拉他國京城者則誤矣

音德勒里約斯

學會圖作音德勒里俄斯萬國地志作拍德𤢖尼拉巴拉他分部　會城名巴沙太學會圖作巴拉拿値都城北　都南堡圓球圖作英氏盼丹斯漢文圖作英氏盼科斯又値河口西南

哥連德

値巴拉納河東巴西里約哥蘭的西萬國圖作科連特士平方圖作哥連德巴地理問答作哥連德斯圓球圖作考力恩資拉

巴拉他分部會城同名

三達非

値音德勒里西北在河西萬國圖作三塔非漢文圖作聖緋拉巴拉他分部會城同名

哥爾多瓦

値三達非西南圓球圖作考朶發萬國圖作科多瓦學會圖又作哥尔多巴地理問答作哥多法拉巴拉他分部會城名同亦要邑

三的牙哥厄斯德羅

値都古曼南偏東圓球圖作散提阿果萬國圖作三剔阿谷平方圖作三的牙哥絪斯德羅拉巴拉

他分部會城同名

都古曼

値三的牙哥西北萬國圖作吐庫曼圓球圖作吐固曼漢文圖作他古曼拉巴拉他分部會城同名

薩爾達

値都古曼東北萬國圖作薩耳搭圓球圖作薩搭拉巴拉他分部會城同名

如銳

値薩尒達北萬國圖作胡輝平方圖作如瑞拉巴拉他分部會城同名

加達馬爾架

値三的牙哥西亦稱加達瑪爾加省萬國圖作喀搭麻喀漢文圖作加他馬路克拉巴拉他分部會城名同地產穀棉

里約倭

值加達馬爾西南。萬國圖作里俄哈。學會圖作利俄約。圓球圖作力俄察。平安圖作里倭約。拉巴拉他分部。會城名同。

桑若漢

值里約倭西南。萬國圖作三呼昂。平方圖作桑約翰。郎圓球圖聖綽賽。拉巴拉他分部。會城同名。

桑盧意斯

值門多薩東北。萬國圖作三魯易士。全志稱散路伊要邑。圓球圖作聖魯乙斯。拉巴拉他分部。會城同名。

門多薩

值桑盧意斯西北。都城東。一作門多散。圓球圖作曼朶散。拉巴拉他分部。會城名同。其志略未載

諸部值如日克蘭沙哥疑即學會圖俄林萬國圖學撒
蘭值如東北日班巴斯即漢文圖撒剌士青與屬意
草成茵一色千里值都城西南日羅撒略與屬
巴西之巴拉納隔銀河而居當即漢文圖勒撒意
阿平羅方薩圖里略俄要學邑也
會圖羅薩

巴拉圭國

志略又作巴拉圖作巴吾愛萬國圖作巴拉乖地志作拍
來求亞漢文圖作巴來蓟南美小國以河名間於苦
巴西巴拉巴拉他之間初爲意闢後爲西據近因苦拉巴
戰巴西巴拉他始自立稱共和地產茶在玻利東南拉巴
拉他東北志云分七十二
十小部全志云分七十

阿松桑

亦作阿松西益圓球圖作唵松西翁地理問答作
阿孫西阿恩萬國圖作阿筍漢文圖作阿遜生世
界地學作阿孫與地誌作阿薩雄外國地理作亞
旋莊巴拉圭京城名依近作巴拉納河水濱貿易興

匋美　六

三

盛。其沿巴拉那河西。巴拉乖河東諸部。曰威刺加。平方圖作維拉利哥。曰岡西普森。在北。又北曰薩尒俄多。又北曰烏曼他。一作黑曼其達。平方圖作木蘭達。此在巴拉那河西者也。曰三伯的羅。又在巴拉乖河西。

烏拉乖國

一作猶入貴地理問答作烏魯圭以河名外國地理一作烏拉圭萬國地志作烏羅求哀。漢文圖作伍魯夸愛舊名昔斯巴拉的那。在巴拉圭南東界巴西。南距大西洋。西北界拉巴拉他地多牛。以不受巴西脅制。稱自立共和國。國與日本對號。部郡多不可考。

忙得味道

一作門抵非豆。郎志畧蒙德維罷。平方圖蒙德維得亞。地理問答門德斐丟。萬國圖蒙特維的俄。漢文圖莽臺斐氏俄。世界地學蒙帖比帖。地誌孟迭維顛。外國地理望參夫。烏拉乖首部。亦都城名。近

銀河口即拉巴拉他河口也稱要港與拉巴拉他都城卜諾塞力士相望

馬爾多那多

漢文圖作麻格達來那烏拉乖分部西北與哥羅尼亞部隔銀河口相望南臨大西洋海

哥羅尼亞

値都城西北巴拉乖河口萬國圖作科倫尼阿圓球圖作科隆尼阿烏拉乖分部其他可核者曰多羅列斯即志略內加羅內斯値馬尒多西北曰都拉斯奴即志略都拉各奴在多羅列北曰白三都河東曰薩尒多曰雅瓜利曰伊大圭在烏拉乖河東者也曰瓜勒瓜超曰公塞普森曰岡加的亞也曰巴斯曰哥雅在烏拉乖河西者也曰巴哈答平方圖作巴拉拿亦在河西曰聖排德羅平方圖作森佛得保惹又在河東

巴他峩拿國

志略又作智加亦作巴羅彌那平方圖作巴他俄拿外國地理作巴他臥拿萬國圖作巴塔貢尼阿漢文圖作帕塔果尼阿新地球圖作巴塔果尼世界地學作巴達科尼阿地誌作怕突哥里亞南美極南地形如襪世所傳長人國也荒寒多砂歐人未嘗過問北界拉巴拉他智利東距大西洋西距大洋海南距南海中隔麥哲倫海港即鐵耳聶離依休勾島曲入處一說山東屬拉巴拉他山西屬智利休勾據圖有二部一曰波爾知克似即學會圖約介克一曰三大克拉斯平方圖作三大克魯斯港名同

附島

鐵耳聶離依休勾島

當南美南稱火山圓球圖作提愛耳拉敷愛果萬國圖作鐵剌德耳附厄哥地志作替拉地福彝智利與拉巴他分領汽船避風行此即地理問答德拉德斐哥世界地學鐵拉鐵葉地誌代辣的魯飛

哀葛島東臨南大西洋與南太平洋交滙之區。曰法革雷島。萬國圖作福蘭諸島。地志作拂克倫。世界地誌作福爾克蘭。全志作法革蘭。漢文圖作什克蘭得多拉巴拉他。人屬英。附近東一島曰伊斯得。西一島曰威斯得。學會圖分稱東島西島。

南佐薩阿羣島

萬國圖作南佐直阿。地志作南喬治。全志作卓支亞。云英屬。平方圖作南給鄂尒敦。在南大西洋中。値福蘭諸島又東南。卽圓球圖南昭濟唵。學會圖南吉俄尒給亞島。

南舌特來島

萬國圖作南舌特蘭。地志作色利乃特。英屬。近寒帶。在鐵耳聶離又東南。

威靈頓島

圓球圖作外淩屯。學會圖作韋令頓。地理問答作偉令頂。値泰道隅南。別一島漢文圖作科淳斯。

泰道隅

學會圖作臺大餓半島，漢文圖作特來斯莽臺斯角，地理問答作德勒斯門德土股，地望在威靈頓島北。

漢諾法島

值威靈頓南，學會圖作漢諾瓦，漢文圖作罕奴浮，島北，文有康賽魄西島圓球圖有康賽魄西翁海峽，學會圖作康西普升峽。

阿德列特王后島

學會圖作亞得來特，漢文圖作昆喻亘來得，圓球圖作豆來得，值漢諾法南。

德索累翁島

值麥哲論西港下游，漢文圖作代梭來申，學會圖作得索來申。

荷士特島

值南美地盡處。漢文圖作奧斯臺學會圖作何斯特。

士大典島

值南美東端盡處。漢文圖作斯斯榻屯。學會圖作斯他天。以上均在巴他峩拿及智利沿海。

歪阿那城地所在

歪阿那

志略又作古牙那、括地略作荷阿那、萬國圖作器阿納、地志作扼亞奈、平方圖作圭亞那、漢文圖作丕阿那、世界地學作幾阿拿、外國地理作期野拿、在委內東南、巴西北、濱海有三國新闢地、民善築堤禦海浪

加夜那

漢文圖作加元那、學會圖作加亞那、新地球圖作喀愛恩、萬國圖作開珽、地理問答作該延、泰西新史作嵌鹽、地望在東、法人所闢、曾安置國犯於此、

蘇利蘭

志略作蘇利南、萬國地志作蘇來納姆、地望在中、荷人所闢、會城曰巴拉馬利波、漢文圖作巴剌

那棃新地球圖作帕來麻力怖地理問答作巴拉瑪利多水灉貿易頗盛

佐治當

地理問答作卓支盾漢文圖作惹爾知弛翁新地球圖作基奧耳止登平方圖作吉鄂尒吉敦地堃在西與可侖比亞連界本荷闌英人奪而有之可發電驅馬入水括地略稱英取歪阿那西地曰特默拉郎學會圖之德黑拉拉以河名三處均北臨西洋

西印度島地所在

西印度羣島

志略稱爲南北亞墨利加海灣羣島。亦稱加勒海羣島。初得此地。名潭巴灣。在北美南。南美北。西北起美國輔羅力達東南隅。東南訖可侖比亞東北隅。以可侖覓地至此而名。有五國屬地。其人廣操西班牙語。

安的列斯羣島

地理問答作大小安第勒。世界地學作大安邱小安邱。圓球圖作瓦安瓦得。學會圖作溫得瓦得。萬國圖稱大安提利士。名背風島。小安提名向風島。郎喀力比羣。英屬各島甚多。法志稱此島曾爲十六世路易自英爭得。近始歸英。在安地海中。

古巴島

一名庫犮外國地理作憍巴萬國地志作扣勃在美屬輔羅力達南地多鑛昔爲西班牙屬苦其虐叛之今爲合衆國所領稱共和多華人分西東中三部列下

哈瓦那

地理問答作阿法那地饒砂糖世界地誌作哈維那學會圖作哈巴那一稱哈維安辣古巴西部京城名哈萬拿世界地學作哈巴拿萬國地志作黑維納云有鐵道電綫

三達馬里亞

古巴中部會城名以地望較之當在萬國圖馬坦薩士圓球圖麻坦薩斯並平方圖薩古亞又東屬城萬國圖作剔林尼達平方圖作特林尼多得

三的牙額

古巴東部會城名萬國圖作三剔明谷圓球圖作散提阿果世界地學稱散卡哥要港初叛西班牙

時班米兵戰處，西北城，萬國圖作批林
息丕平方圖作百尒多勃林普近中部。

波爾多黎古島

志略稱又名貴港口，一作里科，學會圖作波尒多黎各，萬國圖作波波安利哥，圓球圖作泡拖里科，西洋史要作波多立哥，世界地誌作哈多黎科，外國地理作波路駝利，世界地學作波脫利科，本西班牙屬，今割與米，京城名三呼昂，地理問答作散歡平方圖作森周安，在海地島東，隔㠓拿門。㠓拿郎摩拿，一作撒馬拿灣，便停泊。同治朝，海地讓歸美國。

牙買加島

萬國圖作楂墨加，近史作揸美圓球圖作札邁西洋史要作乾美加，萬國地志作乾末克，亦作犍味克，地理問答作乍德嘎，外國地理作寨迷加，初爲西班牙臣可倫布探得，水土甚佳，中有藍山横亘在古巴南，屬英，會城曰京敦，圓球圖作慶斯屯，萬國圖作慶士頓，地理問答作景斯盾，日本新地球圖作拿司敦。有學校。

槖諸土島

漢文圖作丕奴斯。平方圖作比那斯。在古巴西部南。未知何屬。

大小開滿島

漢文圖作開們。平方圖作開璊。在古巴中部南。英屬。

海地島

萬國圖又名三都明谷。因東部京城而命名也。地志作哈求。一作海帶。初名義斯巴尼約拉。漢文圖作海提。日本新地球圖作海的。地理問答作亥第。世界地學稱西部爲海其共和國。初爲法據。繼黑奴叛法自立。東部曰脫明哥共和國。外國地理統稱系持兩共和國。志略稱分六部。脫明哥卽萬國圖都民尼加。一作多明伊加。島者在古巴東。

波爾德比
萬國圖作波安仳林士。學會圖作波尒德奥普林
西。地理問答作波多伯林斯。圜球圖作坡耳多王
于口。新地球圖作波爾德柏林。海地西部都城名
亦六部之一。北有城萬國圖作吸海地恩。平方
圖作加
不挨登。

加也斯
平方圖同。志略稱爲
海地部名。値島西南。

三多明各
萬國圖作三部明谷。圓球圖作聖桒明果。學會圖
作三宅多明谷。萬國地志作聖拖猖密喝。地理問
答作散多明哥。志略稱爲海地部名。據萬國圖及
世界地學。乃東部脫明哥京城。全志稱城在南海
濱。日人居美
洲者首建。

聖安瑪士

日本新地球圖作聖探馬司、萬國地志作聖德姆斯、郎多馬斯、屬丹麥、與微晉諸島相連、全志則稱丹售與德、首府曰卡羅得亞馬里、全志作加落德馬里、

山代格魯斯

萬國圖作三塔克虜士、圓球圖作聖克魯斯、全志作散古魯斯、屬丹麥、二島值波爾多黎古島東南、以上統稱大安的、

俄魯巴島

萬國圖作惡魯巴、屬荷蘭、

布英亞勒島

萬國圖作噴衣勒、屬荷蘭、

庫拉索島

萬國圖作古列素全志作古拉梭五大州志作窟拉高屬荷蘭以上三島約值南美新加拉大北郎萬國圖所稱之背風島

安地禺亞

值法屬瓜他鹿北漢文圖作安提告全志稱安地卉商埠平方圖作安的窩亞萬國圖作安氏瓜英屬志略稱又有一島名吉學會圖作安圭拉英人舊所據守郎萬國圖安基利在安地禺西北西南島曰芒色日忒萬國圖作蒙薩辣西一島萬國圖作聖克利士安法士學會圖作森吉特斯圓球圖作聖克力斯透浮又北一島萬國圖作巴布達漢文圖作巴怖答均屬英

倭爾貢羣島

平方圖作維基郎維京萬國圖作微晉諸島中有五小島均屬英在安地禺西北安基利西羣島中

惟多馬斯及桑
約翰二地屬嚏

多米尼加

值法屬瓜他鹿南萬國圖作都民尼加圓球圖作
道米尼刻地理問答作多明伊加英人乾隆間以
兵自法
奪得

多巴峩

值特尼答南偏東萬國圖作都巴哥漢文圖作拖
拜果英人乾隆間新創地隸於特尼答兵帥西
北有格婁乃達島萬國圖作格連拿達亦法乾隆
朝讓於英東北有森文生突島萬國圖作聖維
因信圓球圖作散番桑葡萄
牙於咸豐朝歸英多火山

特尼答

萬國圖作剔林尼達地志又作排麻達全志作德
林伊達德漢文圖作特力尼達得世界地誌作志

尼達多。地學作脫利尼達。此島較大且沃。英人與各小島均擇要戍守。設巡撫。附近南美可侖比亞東北隅。京城當即萬國圖波爰第士班雅。學會圖作挨斯巴拿。

森馬丁島

萬國圖作聖馬丁。全志作散馬丁。半屬法。半屬荷。在巴布達西北。

馬耳的尼加島

萬國圖作馬丁尼克。漢文圖作麻剔尼克。全志作麥的尼克。在多米尼加南。法屬。多火山巨災。首城名法郎西港。

馬利告蘭得島

萬國圖作馬利格蘭特。圓球圖作麻里噶瑯特。漢文圖作格蘭代透里。亦法屬。在多米尼加東北。

聖魯西阿島

學會圖作森盧開值馬爾的尼南法於嘉慶年間讓歸英

巴八都士島

圓球圖作巴拜桑斯萬國地志作排勃特斯云盛糖業平方圖作巴巴突漢文圖作巴拜桑斯世界地誌作博巴多斯稱爲英國海軍根據之一首城名比日登值聖魯西阿東南葡萄牙咸豐朝歸於英

瓜他鹿島

萬國圖作瓜達路北圓球圖作夸達魯排在多米尼加北此島與馬爾的尼加風景絕佳亦法屬

以上各島即萬國圖所稱之向風島名小安的

巴哈麻羣島

萬國地志作白哈嘛近史作馬蝦馬全志作巴哈摩云珊瑚蟲結成萬國圖作巴哈馬羣文名魯開

雅士其中有小阿巴哥大阿巴哥等名明時西臣可倫布探得其地後爲英屬漢文圖稱島中有大巴哈麻大阿巴拜島者是也在弗羅力達角又東主要城郭下那蘇太阿巴哥平方圖又作大亞巴科

喀剔島

値大阿巴哥東南方漢文圖作喀拜圓球圖作喀特平方圖作開特又北偏西島平方圖作挨留特拉萬國圖作衣魯他剌在大阿巴哥正南

新普魯維典士島

學會圖作新普羅維丹西全志作新不羅維敦稱爲巴哈馬羣最要島首城曰拿稍全志作那掃學會圖作拿騷值大阿巴哥西南方郎那蘇

阿克林島

圓球圖作唵克淩。平方圖作亞克林。漢文圖作瓦特淩。世界地學作瓦多磷。稱昔哥倫布所開。値喀剔島又南

大因拿瓜島

値阿克林南。漢文圖作大伊那夸。平方圖作大音拿告郎英志乖亞那。島北有小因拿瓜。稍東北有麻里夸那島。萬國圖作馬林瓜剌學會圖作馬里告拿。

喀愛科斯島

値阿克林又東南。平方圖作開哥斯。萬國圖於是處載有大開哥士。及北開哥士。東開哥士等島。自喀剔島至此。地望在巴哈馬南偏東。拱護如玦環。

瀛寰譯音異名記卷七

國部城地　附海島　澳州
太平洋

松滋杜宗預編

澳州城地所在

澳大利亞

志畧又作新荷蘭英人稱新金山括地畧作奧旋
尼加萬國地志作奧西尼亞泰西新史作澳斯鐵
里亞地理問答作奧斯達拉西亞五太州志作濠
斯太剌利西亞世界地學作蔑拉涅西阿郎美拉
奈西合巴布亞而言在太平洋西南印度洋東亦
日南亞細亞為天下第一海島英屬地分七省官
由英選士
人甚稀

西澳大利亞

澳州七省之一英人同治年間置省西日西北
角各圖同西北日來緋克角學會圖作勒委克

西南日李如温角圓球圖作里温地理問答作
利温平方圖作留因省北海灣日開自母力薗
學會圖作岡布里得吉萬國圖作干勃力治作西
北海灣日、科利安萬國圖作科利阿平方圖作科
里安省正西二島一日的克哈宅克漢文圖作
豆克哈叨格一日代母丕耳羣萬國圖作耽丕
阿羣此西澳大
畧然近向荒廢

伯德

萬國圖作帕扶平方圖作伯斯萬國地理志作配
耶外國地理作帕斯世界地學作培爾士圓球圖
作剖耳貢西澳京城名
地值西南濱天鵝河

亞爾班尼

圓球圖作奧耳八逆萬國圖作阿耳班尼漢文圖
作阿爾巴尼新刻地球圖作倭而班尼西澳南方
城名海口名同鐵路通
伯德航路達阿典印度

奧古斯大

漢文圖作奧果斯塔。值李如温角北。西澳西南方城名。又北偏東城。平方圖作比爾漢文圖作比爾惕。又北城。平方圖作佛利曼特勒圓球圖作乏之里曼特耳。又北乃伯德京城。均值西南方。

吉拉爾敦

萬國圖作咤拉耳頓。西澳西方城名。又北偏西城。萬國圖作巴慶頓。學會圖作茭鯨敦。亦值西方。在伯德又北。

北澳大利亞

澳州七省之一。省最東北角屬坤士蘭者曰約克。地理問答作約華。世界地學作約庫岬。最西北角屬西奧者曰德敦大利。地理問答作倫厝德利。學會圖作倫敦德黎。圓球圖作楞登代里。約克隅西南海灣曰堪平突利亞。地理問答作嘎笨德利亞。萬國圖作卡編塔利阿。圓球圖作喀本答里平方圖作卡嘖塔利省西北島曰邁耳斐耳萬國圖作墨耳微耳漢文圖作姝兒非兒省東北島曰維士耳圓球圖作外賽耳學會圖作維西爾羣省北海灣三曰安森學會圖作安桑日阿當曰萬代門圓球圖作氏們學會圖作得民省東北對約克隅者有一角曰安欣學會圖作亞爾痕汗省西對倫敦大利者曰黑角學會圖作海角

帕馬士頓

平方圖作怕麥斯屯北澳會城名自此而南有城曰天南特曰亞利雪史發爾玓沿鐵路之東鐵路自北澳亘南澳達斐多利亞盡海處

阿勒撒達蘭

萬國圖作阿勒散得拉蘭澳州七省之一各城沿鐵道電信線路當是分北澳州置

南澳大利亞

澳州七省之一以產金銅著名中央有大湖北多

山省南海之灣曰奧大利阿西南連印度洋學會

圖曰大奧大利阿平考方分圖作勒恩再東與約克半島

灣斯噴萬色圖世界作球圓亞撒斯漢濱圖作隔島斯再東日斯本塔作

灣曰科國芬圖界作球圓亞平考方分圖作佛爾斯再東日斯本塔作蔻南

南島圓球圖干葛作鹿安康誌達圖省作干牙臂日爾思東與約克亞作半島

魯作伊里喀塔他士脫盧扶角勒斯東與約克

圖作卡他士脫盧扶角勒斯東與約克亞

相對下圖作卡他士脫盧扶角勒斯

萬國圖作相對下圖

阿第雷德

萬國圖作阿特鐵梨圓球作獵特平方圖作愛得蘭得世界地誌作阿得蘭地志作里

學國作圖圖作阿特鐵梨圓球作獵特平方圖作亞得蘭得世界地誌作里

巔作阿特鐵梨圓球作獵特平方圖作愛得蘭得世界地誌作里

特外國特地漢文圖作亞安的來得萬國地志作阿得地志作里

羊毛小麥居民亞多離多南澳會城名輸出者有

亦多有工廠

〈奧州七〉

奧古斯大

萬國圖作波特澳嘎士塔。南澳東南方城名。値阿第京城北。

庫林加

萬國圖作布拉布拉。又名沽林葛。値奧古斯大東南。阿第京城東北。

京斯敦

萬國圖作慶士頓。平方圖作威林敦。南澳極東南城名。界維多利亞西方。

棍斯蘭

萬國地志作坤斯倫。有學校。多金鑛。五大洲志作苦印斯蘭。萬國圖作坤士蘭。圜球圖作昆斯蘭。得外國地理作臉晤斯蘭。又作古燕斯蘭。一作袞郎澳州七省之一。析新南威爾士屬省西北島曰易蘭萬國圖作格魯德衣蘭特。圜球圖作格羅特阿蘭特　曰迫留萬國圖作厄瓦丕柳羣。均値喀本里灣西接連北澳，日威勒斯雷，萬國圖作威利士累，羣值灣南省北土角。日格連微耳學會圖作士格連微里，偏東土角。日墨耳圓球圖作邁耳斐耳，均值約克隅東，臨珊瑚海，此省為藍山，低處復起高原。

伯利斯笨

萬國圖作勃力士，邊世界地誌作布勒斯賓地學，離士兵，萬國地志作勃利斯盆，即學會圖布里士伯內棍斯蘭會城名，為羊毛輸出盛處。作弗林士賓，圓球圖作魄力斯班，外國地理作布勒斯賓。

布克敦

萬國圖作卜吉當，即平方圖阿耳班特值阿耳八河西崖，坤士蘭西北方城名。又東城萬國圖作八特值阿耳八，平方圖阿耳班特值阿耳八河西崖，坤士蘭西北方城名。

谷當

諾曼當學會圖作諾爾曼敦傍諾曼河東，即平方圖瑶曼毛此。河西崖坤士蘭西北方城名，又東城萬國圖作。

學會圖作庫克敦，值圓球圖囊答左近，棍斯蘭東北方城名。按當屬谷克學會圖所謂庫克者是也。

卡威耳
平方圖作加得委爾，南偏東城，曰通斯威爾，學會圖作多尼斯維勒，萬國圖圖當土微耳，均值棍斯蘭東方。

波溫
萬國圖作波聞，世界地誌作泊多達爾文，亦值坤國圖作波電線所至之區也。西偏南城，萬國士作累文士武德，學會圖作巴文斯烏得。又西偏北城，萬國圖作達耳利慕爾，學會圖作達林朴，屬卜爾克。

駱含頓
學會圖謂之布爾克里以上城，均

學會圖作羅克咸浦敦全志作羅鉛藉敦萃金鑛

坤士蘭東方城名·其西偏北城·萬國圖作尼薄·

學會圖作內波·其南偏西城·萬國圖作威士勃武

德學會圖作威斯特烏德·又西城·萬國圖作士勃

作剌戈耳學會圖·

布拉喀爾·

馬利鉢羅 作馬來波羅·值坤士蘭東南方有鐵路自

平方圖經瓦威克界達新南威耳士訖於維拖利阿

界上經瓦威克界達新南威耳士

之雞籠·

波蘭籠·

瓦威克 萬國圖作窩勒克伯值會

城伯利斯笨之西隔山·

彌撒爾 萬國圖作槎耳維爾·坤士蘭南方城名·值大大爷

河瓦力哥河上游·又東城萬國圖作洛麻學會

澳州七

圖作洛馬均屬馬蘭奴阿學會圖謂之馬利諾亞西北即瓦勒哥部

新南威耳士

地理問答作牛偉勒即新加勒以其山水似英偉耳土名外國地理作二腰疏士烏路士圖球圖作尼伍歸賚外耳斯泰西新史稱爲英徙犯人處亦澳七省之一省內有大令河諸鉅流金鑛發見之區在藍山西側

西德尼

萬國圖作息利又作雪梨埠地志作哀特尼港圖球圖作保塌尼世界地學作西多尼平方圖作悉尼新南威耳會城即外國地理詩駝二港稱澳州第二都會出羊毛有工廠乃兵艦根據地

阿鸞推耳

學會圖作亞爾彌得勒新南威耳東方城名值會城北

探倭夫
學會圖作坦瓦斯居阿密堆耳西南東隔山亦新南威耳東方城名

馬加利
萬國圖作波特馬誇利偁立法鋪耳山東臨太平洋新南威耳士東方城名海口名同偁會城東北

拔塌士
平方圖作巴特斯得偁布路山西新南威耳東南方城名附近城曰巴拉馬塔圓球圖作拍拉抹塌亦偁東南方

戈耳伴
學會圖作告耳白尼居拔塌士東南西隔山輿會城息利近亦新南威耳東南方城 東隔山城萬國圖作烏拉都利學會圖作烏拉圖拉

巴拉那得

萬國圖作巴耳蘭那爾特。新南威耳西南方城名。值末累河南。

斐多利亞

萬國圖作維拖利阿。多金鑛。地志作維克得利圓球圖作斐克拖里唵。平方圖作維克多利亞。漢文圖作維多利。外國地理作贍古駝里亞。澳州七省之一。英人咸豐初分新南威耳士省置。省東南有厚角。萬國圖作侯角。圓球圖作浩角。正南有維爾孫角。圓球圖作蔚耳森。臨拜斯水峽。

美耳本

地理問答作美勒笨。萬國地志稱密爾罷痕港。世界地學作茂爾貫。地誌作密伯墨。平方圖作墨耳缽恩。稱郎新金山。圓球圖作邁耳布恩。外國地理作咩路波龍。稱南洋第一都會。有大學校博物館。斐多利亞京城也。維多利因英女主而名。鐵路自此經悉德尼。達伯利斯本。

雞籠

學會圖作吉琅圓球圖作基城斐多利亞南偏西城名又西城曰波蘭郎學會圖巴特蘭海口同名全志作波得蘭亦大埠

維廉士當

圓球圖作蔚力愛母斯唐在雞籠之北偏東與會城美耳本毗連圓球圖位置稍岐

芝法特

學會圖作哈巴特圓球圖作吉魄斯蘭得斐多利東南臨海城名又西城曰阿爾八頓學會圖作亞爾伯丁當郎圓球圖蔚耳森均背負新金山面臨巴士海峽

附島

達斯美尼亞

初名法提門司萬國圖作塔士曼尼阿地志作旦
斯眉拿平方圖作塔斯馬呢亞云郎班地曼蘭英
志作萬地曼蘭圖球圖作番氏曼斯蘭云郎斯邁
尼阿外國地理作他斯馬里亞荷人達斯美尼初
尋得之因人名地志畧作地閩與美耳本悉德尼
牛西蘭均有海底電線在澳東南後屬英　中與
澳州相隔者曰巴斯海腰平方圖作拔斯圓球圖
作拜斯外國地理作伯士峽中有慶斯島平方圖
作慶
島

賀巴盾

萬國圖作哈八當世界地學作和拔爾特外國地
理作何伯駮達斯美尼亞島京城名徧東北方
其西南城曰知巴耳屯平方圖及世界地誌均作
哈巴特一本又作合巴唐與京城名湼　其北海
岸城埠曰蘭斯敦學會圖作來翁西斯
敦漢文圖作項斯登鐵道與京城相通

維克斯地

萬國圖作徽耳克士蘭．此島近南寒帶．居冰州中．東北與澳州相值．

太平洋島地所在

太平洋羣島

萬國圖作頗利呢西阿地志作漢來尼西地理問答作波利尼西亞世界地學作頗勒西亞地誌作伯利奈西亞一作俄西亞尼嘎一作彌爾羅奈西亦稱大洋洋海即太平洋羣島英語謂之杳亞世邊津區尚包賣叩尼西亞在內値澳東北占洋面最大皆小島合成最大者日牛西蘭多入歐州强國

牛西蘭羣

萬國圖作新西蘭地志作紐裁倫英志作紐西蘭漢文圖作紐斯蘭志畧作搦日倫敦外國地理作二腰治蘭有防海水雷艇値澳東南合南北兩大島而成英屬也 兩島中間有海峽日古革萬國圖作谷克漢文圖作科克世界地學作苦庫 北島北日北角 日馬利阿萬代棉角漢文圖作麻里阿番底們 東日東角 西日扼蒙特角學會圖作挨格蒙特 南島西北日斐阿威耳角學會

圖作文嘴，再法勒威耳溫角，偏南諸島卡土刻德角，學會圖作佛爾加斯。

地，南波得日，南得保附近諸島，者溫的諸島卡察地邦，別穆英文屬，其貼近南日安島，又南日安島又……

西南得日斯漢文，勒而魯升卽島，萬波佛國圖，佛代學會列圖，蘇魯島日佛維奧，又島……

南卽西峽角，日斯折而東南隔海作一史斗島，日澳克蘭平方。

氏特斯特萬瓦得圖較大，又東南全志峽，學會南華德平斯。

方圖作拗克蘭地，士丟又東南布爾。

邁耳島平方圖作堪發布爾。

奧吉蘭　萬國圖作澳克蘭，地理作阿苦蘭，稱為北島通商要港。一說卽苦蘭，外國地作啞克倫，世界地學作篤……

威靈頓　亦郡名，在北京島北端。說卽北島據圖。

地理問答作偉令盾世界地學作威靈吞圓球圖作外淩屯外國地理作威蓮頓漢文圖作維爾林敦平方圖作威爾倫敦牛西蘭郡名亦京城名在北島南端濱海峽

那波爾

萬國圖作那坡阿平方圖作那爾波圓球圖作乃辟愛耳據圖此城在侯其郡內侯其學會圖作豪克斯

科羅滿得耳

平方圖作科羅曼得爾因山爲名與上那波爾近北島東

新普勒穆斯

萬國圖作新蒲賴謀扶圓球圖作紐魄力門近北島西據圖在納蘭塔其府內即學會圖塔拉那乞也

温加奴伊

萬國圖作王幹餒近北島南據圖當在威靈頓郡內

内爾桑

萬國圖作尼耳森圖球圖作乃森值南島北鄙在尼耳森郡內

布林興木

萬國圖作勃連欣值南島東北近谷克海峽據圖當在馬耳鉢羅扶郡內鄙學會圖馬爾波老也

荷基的開

萬國圖作荷其提嘎值南島西臨大洋

直利斯徹池

萬國圖作克力士缺治據圖當在坎他士伯里郡內鄙學會圖干得爾布里也

提馬魯

學會圖作的馬魯。與上城均値南島東方。臨大洋。亦在坎他士伯里郡內。

端丁

學會圖作都內丁。據圖在鄂迭戈。郎圓球圖俄塔果郡內。

摩里奴

學會圖作摩里奴克斯。與上城均値南島東南。臨大洋。亦在鄂迭戈郡內。

因法卡之耳

學會圖作英佛佛加基耳。圓球圖作英浮喀吉耳。値南島南。臨佛佛海峽。據圖在藪扶蘭郡內。以上均牛西蘭屬。

南維多利亞地

萬國圖作南維拖利阿此島近南寒帶居南冰洋中西北與牛西蘭相值

波年羣島

學會圖作波羅的諾圖球圖作波羅氏奴羣屬日本西南可望呂宋

馬遮蘭羣島

平方圖作瑪利亞納郎賊羣島萬國地志又作賴度魯斯圖球圖作辣得隆羣一名麻里恩上承抹該蘭世界地學作馬利阿拿一名蘭脫倫外國地理作馬里亞拿稱爲味古盧尼西郎全志賣叩尼西亞主島值博甯島南日本小笠原島又南本德屬以瑪遮蘭探得命名

博甯島

即火山島圓球圖作怖甯學會圖又作亞索畢斯坡屬日本正值小笠原島南波年羣東

拉德倫羣島

即萬國圖拉特羅尼諸島屬日本。西與斐力賓値。據學會圖即馬剌亞納異名。

果阿母島

世界地學作固阿姆多。在日本小笠原島南五百海里。爲最大火山島。今歸美國占領。即全志古哇。得自西班牙者。

嘎羅林羣島

萬國圖作卡羅林。世界地學作加若林。圓球圖作喀羅連。五大洲志作加羅黎那。世界地誌作堪拉因羣島。稱其東西散處凡六百英里。外國地理作加盧拉燕。値瑪遮蘭南。有著名亞生升大島。石壁西班牙售與德人。隷巴布亞者也。

瑪沙勒羣島

萬國圖作麻熟耳。學會圖作麻紹耳。世界地學作馬夏爾。外國地理作馬路沙路。稱與嘎羅林均昧

古盧尼西主島德屬東南望基基耳八最大島名耶普

民克斯可夫羣島

萬國圖作毋克羅呢西阿在瑪沙勒南亦德屬據圓球圖瑪沙勒羣東有拉力克羣島又東有拉答克島平方圖作拉達克民克斯可夫羣島殆兼此兩羣言之

基耳八諸島

圓球圖作竭耳抔特學會圖作吉爾貝特一曰斯加爾爾巴老羣島世界地誌作格爾巴多地學作幾畢爾地理問答作基勒伯德羣英屬此島在赤道中間郎全志京斯密耳

窩耳嘎島

當部學會圖巴爾彌納平方圖巴爾彌拉圓球圖帕耳密拉英屬附近東南島平方圖作芬甯圓球圖作綁甯又南島平方圖作克力斯特莫斯圓球圖作克力斯特麻斯又南近赤道線與基耳八

羣相値

安森羣島

圓球圖作安森斯以地望準之在學會圖利細安斯奇諸島及平方圖威都歪羣島左近羣島內有一島圓球圖作排特洛西紐平方圖作珀、特羅西尼俄値北緯二十餘度東經六十度、

哈歪依羣島

圓球圖亦作海瓦伊火山構成萬國圖作哈歪衣外國地理稱哈歪爲檀香山泰西新史作哈唯其主島曰三維斯有鐵道漢文圖作散德蔚萬國圖作散維齒地志作生滑西文名散偉支別曰三德桅枝世界地學作桑多微其島王都城曰火魯魯郎賀那魯魯爲太平洋大商埠地學作和諸路路府在瓦呼島郎平方圖阿湖島內又世界地學稱布哇島最大茂意窩奧二島次之布哇郎圓球圖俄瓦希平方圖海威爾茂意郎平方圖馬于圓球圖毛伊全志馬尾　其他屬島曰麻拉

開。即全志木羅楷圓球圖摩羅喀愛

即圓球圖拉那愛曰開奧伊即圓球圖曰賴拿哀

香山爲亞美澳樞紐美屬地島王用考愛檀

議後遂爲首領故也　以上均太平洋赤道北島

名

撒摩阿羣島

漢文烏卜路作撒麻亞世界地學作薩

東日圖作卜路學會圖作郭普路作西莫殺瓦分大

圖作火山島愛發會圖地理作薩西曰阿瓦分大島

南爲圖作其作三毛薩模普路作依學島二

圓球圖作訥名薩亞稱日在檀香山學會

加他斯圖火山島愛會圖作總名該明地學一名行謂之薩島西會

其地學則領全作阿彼圓亞學港言通溫船貯

界爲德領斐該全志阿彼阿德美合溫船貯煤炭又

亞島與訥斐該明云英不知其即保訥斐該明分三屬毛稱此世

斐遜克斯羣島

平方圖作費匿克斯值撒摩阿西北又東與此島相值者平方圖作馬耳墩圓球圖作毛耳登值撒摩阿東北尤小英屬二島均在赤道南

斐支羣島

萬國圖作斐濟地志作夫寄亦作富淇世界地學作非濟學會圖作斐的火山島也全志稱分南北二大島屬英巡撫駐南島京城名蘇德郎全志蘇哇或平方圖芬奴亞值弗連德利羣西附近洛圖馬羣島萬國地志作落德麥在北往檀香山及美國船多泊此有食人肉惡習全志稱南北島中間勒維克大埠爲往哈歪伊新金山航路中心地望究岐

厄利士羣島

學會圖作挨里西羣圓球圖作拉愛拉斯值斐支羣北在赤道南英屬

素羅蒙諸島

學會圖作撒羅蒙羣，值斐支羣西北，距巴布亞東千五百里，在赤道南，英領六，亦有歸德領者。即萬國地志砂落蒙，互見。

弗連德利羣島

學會圖作佛林得里，即頓瓦，亦即友羣島。五大洲志作通牙。全志又名吞加。萬國圖作傳連利。地志作福倫特來。圓球圖作夫蘭得力。世界地學作弗磷德利羣。火山島也。京城名盾嘎達布。學會圖作東加火布，稱自由市。值斐支羣東南。

華瑪德羣島

萬國圖作卡馬第諸島。學會圖作怯爾馬得克羣。圓球圖作扣麻代克羣。英屬。值南緯三十度北，與友羣島值。

古華羣島

瑪革撒斯島

辟磽島

伯勒羣島

干比耳羣島

漢文圖作古克學會圖作科克羣島全志一名黑維圓球圖作科克斯英屬西北與三毛亞值又有屬島曰曼基阿最大島曰拉羅敦加卽全志拉羅當牙居民三千

干比耳羣島
萬國圖作甘比阿諸島學會圖作岡標羣島云卽加馬戾法屬與上科克島均值南緯二十三度

伯勒羣島
當卽學會圖作低羣島亦作羅亞基帛拉哥或保摩突五大洲志作包磨邱圓球圖又作羅羣島者中包島地無筭法屬與上干比耳羣島均值南緯二十餘度

辟磽島
學會圖作比特根漢文圖作辟特肯平方圖作披帖開痕英屬值伯勒羣卽低島東南

瑪革撒斯島

太平洋 七

漢文圖作麻開薩斯羣萬國圖作馬規薩士學會圖作馬貴斯世界地學作馬爾克沙羣一作馬李沙羣有火山十三德國志畧作馬其薩稱本法人開闢地近爲德屬五大洲志學會圖則稱爲法法屬僅低島北華人多往植棉

梭賽伊第羣島

學會圖作索晒伊的一作波豕的萬國圖作會羣島即社會亦作穌賽厄第諸島世界地學作瑣色其圖球圖作梭西愛剔火山島也法屬其中島大者曰達希第學會圖作悉力圓球圖作昔里羣全志作大希地世界地學作達希其號稱樂園其京城全志作巴比特一名帕皐特當即學會圖波拉波拉此島北赤道南十度又有維克多利亞英屬各島僅低島西北

美斯達勒羣島

學會圖作澳大耳羣亦作力米大拉全志又名士布衣即士布亞轉音世界地學作澳大利羣圓球

圖作奥斯特來耳羣。法屬。在梭賽伊第即會羣島東南。

巴士諸島

學會圖作巴斯。稍西有阿巴羅島。圓球圖作俄排羅。亦在會羣島東南。

新希勃力第士島

學會圖作新希不力克斯。多火山。英志作拉普安。漢文圖作紐開白力斯。世界地學作紐赫布鐵羣。地誌作新哈布利斯。地理問答作牛亥伯利第。中有埃斯必力士島。圓球圖作愛斯丕里拖散拖。馬利阿羅島。圓球圖作麻力科羅。以羅曼哥島。圓球圖作愛老曼果。均英屬。値斐支羣島西。

新喀里多尼阿島

地理問答作牛嘎利多尼亞。世界地學作紐格力尼阿。地誌作新加列多尼亞。漢文圖作紐開來道尼阿。德國志畧作新勃利塔尼亞。一作紐克雷度尼亞。一作紐嘎勒多尼亞。多銅鑛。志畧稱在澳東

爲德闌學會圖稱屬法爲流放罪人處其東南羅
雅耳特郎全志羅耶而的島亦法領此島去巴布
亞遠牛西蘭近僅新希勃力西南又東
南島萬國圖作挪福平方圖作那旟克

加拉巴各士諸島

萬國圖作嘎喇巴各士學會圖作加拉巴哥斯
圓球圖作喀拉巴科斯逼近美州厄瓜多西界

聖安伯羅士島

萬國圖作聖非力士平方圖作桑唵布羅士
全志作散斐利斯羣僅南美巴拉乖又西

呼安匪難特貼島

萬國圖作呼昂法南特寺地志作健富納特云歸
智利平方圖作專匪難得士圓球圖作萬浮南代
斯全志作散歡南德僅南美瓦巴賴
素城又西以上島均在赤道南

瀛寰譯音異名記卷八

山水海地　附土角　亞州
歐州

松滋杜宗預編

西比利亞山水海地所在

固必爾嶺

一作固
別嶺

木喀扎山

一作木
卡札佘

烏粱賅嶺

以上二嶺一山爲烏拉士克與土爾該司
克界別山西爲烏拉士山東爲土爾該

吉赤山

跨阿克摸林省與西域五鹿陶山接再東則布克達山也

庫克託木山

在仙米帕拉省內下瞰巴爾哈什湖山南卽會城仙米帕拉學會圖又作斜米勒精

阿烈克三德嶺

值仙米帕拉省西南以地名學會圖謂之阿列克三得尒跨西域北

阿爾泰山

一名金山一作仙米烈壓司克學會圖又作阿勒臺外國地理作亞路梯亦跨仙米帕拉境內俯臨額爾雜斯及俄比河南界蒙古西北諸山無與比者

薩彥山

學會圖又作薩彥嶺包也尼塞色楞格二大河流域半入中國與攤奴阿拉雪山卽唐努鄂拉嶺相

埜也當跨埜尼塞
與托波尒二省界

達烏爾山

卽朔方備乘金阿林元稱東金山由中國肯特山
分支山北列訥河山南阿穆爾河中臨貝加爾湖
當跨古耳資及雜
拜噶爾司克境

堪帖山

亦曰坑特胡文忠圖作肯特水道提綱作肯忒學
會圖作肯臺嶺鄂爾坤河施爾喀河繞之施爾
喀疑卽
土拉河

聶爾琛山

在色楞格施爾喀二河間俄人稱爲尼
布楚山或遂謂色楞格卽尼布楚者誤

拜噶爾山

亦稱金阿林以面拜噶爾湖而名拜噶爾即貝加爾三山皆達烏爾山分支

哈巴兒達班山

在貝加爾湖南

萬達嶺

疑即外興安南嶺跨江省

布爾新斯克嶺

學會圖作布連斯奇在阿穆爾省內綿亘伯利廟尒

雅倫布山

萬國地志作也勃來諾衣漢文圖作亞布羅斤學會圖作雅布羅諾威嶺五大州志作牙布鹿耨世界地學作亞不若內地誌作耶不羅諾山繞阿爾丹河曲折赴東海當跨阿穆爾斯薩拜喀勒及哦

霍特茨三省界。與下一山相連。

斯他諾隈山

當跨峨霍特茨及楚克池士界。萬國圖作士塔諾。歪地志霍特作可得諾維。圖平方圖作斯塔諾尾。圓球圖作斯達諾奴什地。學圖作四晦他那斯。白世界地志作瓦白然士達斯克山。向西北行一支。達塔納晦山。東趨東海。北走科塔爾噶次克。學會圖作哈支。幾抵列烏喇訥訥河口者。名跨雅庫庫次克界。統謂之外興安嶺。當克訥世界地誌作。

喀米槎得山

一作岡槎得嶺。郎甘查甲。又作岡札加。入堪察加者。在庫頁島東北。按甘查甲諾隈又稱監札加與亞州。中有小火峰嶺。自斯他諾隈又分支岡札加為北。極西北隔海峽。按瀛寰志略稱監札伸入堪察加島相對令海。各與圖核之寶謬。五十里阿拉士加州東北隔卑令以美海。峽與亞州之東北之楚克崴士及堪察加半島相對監北。

西比利八

阿被河

加何曾移
居北美乎

萬國地志作烏彌一作倭別俄史作阿比亦
國地萬國圖作俄比世界地學作窩此亦作
作鄂畢阿耳備上源名比雅江平方圖作畢窩
外國地理泰山脈阿作中所合水如叨母江平方圖圖作窩
布出阿耳泰理圖作阿備上源名比雅江平方圖作畢

雅出阿被河又經多波勒斯克省界圖
作木克其法力克江平方圖作楚雷穆
多克楚江江平方圖作瓦哈穆亦開源則於額爾濟斯
作木母江平方方圖作提施之亦發歐別斯尤著者泰

元史謂第之葉瀛寰的全志作球圖耳圓謂之保耳河
作乙比兒既各會阿被河
日托吸入多魚利

至窩多比灣入
北海

也尼塞河

地塋在阿被河東講義作伊尼西亦作尼塞亞圓
球地圖作匪乃賽平方圖作葉尼塞內府圖作惹尼

色圖理探記作伊聶謝萬國圖作煙尼塞外國地
理圖亞逝世界地學庄那圖設地理問答貝克延
河則色出二新地球圖元史謙尼河晒其文上源之大克木穆
伊則日本克木圓球作可圖剌作元史謙尼河胡文忠平源之貝克克延
亦作華薩彥山自巴上恩喝喝剌平東克古穆斯方圖作大烏魯
克剌爾山即剌球圖自上刺恩喝什拉湖平方東古者最昂科河亦即安
達嘎河即色楞即圖球之刺河格則出中噶國平流方出圖古蘇者最初源洩則出
格達合河之色達屯則則出中聶國烏里界最西源臺哈洩楞
方所合之烏色達格則則出中施科爾布山多省界也西尼源臺初葛拉洩則即木
河方圖合喀達屯則省西河平方勾圖士克多下東同古斯合三河合各平河格楞出安

一則經屯固斯河圖球作方圖木勾臺作斯下煙尼同古入西北海源平
中日下埊斯科據圖球圖哈屯臺為斯下東古斯合科屯河合河各日水
也東古斯科圖哈屯臺為阿河被煙尼同古入西北海源平稱
方尼塞灣　科據圖球圖哈屯臺為斯下喀尼同古入西北海源平
凍圖界畫不清釋名又稱為阿被上源二河均結

阿西那河

平方圖作撒斯納。上源所承一湖。名亦同。合數水西北流。入北海。海口有多數島嶼。值也尼塞口東北。

喀坦江

圓球圖作察坦噶。平方圖作茶丹加。合數水北偏東流。入北海。海灣名同。正逼臺麥爾半島。

阿那罷河

圓球圖作阿那巴拉。平方圖作亞拿巴拉。所合西一水。名俄乃母河。平方圖作鄂列瑪。北偏東流。又北流。入北海。海灣名同。

鄂勒塌克河

圓球圖作俄來乃克。平方圖作鄂列捏克。數水合而東北流。又西北流。入北海。海灣名同。值列訥河口西。

列訥河

胡文忠圖作列訥色欽。一作俄勒里克外國地理作則拿。稱有三河。均冬季結冰。不利舟楫。平方圖作勒拿。萬國圖作勒納。地理問答作雷那。漢文圖作來那。世界地學作列拿。又在也尼塞河東。發源拜噶爾山。經俄勒克民士克雅庫上克等城。以入北海。口東。即保耳該灣。所合水左有二。則發源達烏爾山。在額爾庫特境內。最著者曰斐里烏伊河。平方圖作威呂右有六。則發源聶爾琛山。拜噶爾山。雅布倫山。亂石中。最著者曰奧登河。平方圖作阿勒丹。

雅那河

平方圖作雅拿。上源名阿的察河。山名同。數水合而北流。入北海。地埊在列拿河又東。

因底牙加河

圓球圖作英底吉耳喀。平方圖作英的格加流域貫雅庫次克北。入北海水也。河口斜値新西伯利島.

坷里瑪河

圓球圖作科里麻.平方圖作科里.瑪學會圖作科里木.胡文忠圖作郭列穆瑪.東北流.折而北流.入北海.海灣名同.上源當出斯塔諾尾嶺.値因底牙加東.

阿穆爾河

即黑龍江.經伯利廟爾等城.入東海.小輪可溯其上游.源流均在中國.故不贅.上列諸河.皆葱嶺以東水.

巴爾喀什湖

萬國圖作巴爾喀什.圓球圖名保耳開施.學會圖作巴勒哈什.平方圖作巴余喀什.世界地學作巴爾加悉.値仙米帕拉南.即外國地理罷路加篇爲察林河.即伊犁河歸宿處.

貝加爾湖

即白哈兒湖。學會圖作拜喀勒湖。云即白海。平方圖作柏海兒。萬國圖作拜喀爾。漢文圖作拜開耳。一曰聖海。在東部雜拜噶司克內。爲亞州第一大湖。產鱘鮭鯡。冬季結冰。人馬行其上。列訥河出湖北。色楞格出湖南。

嘎拉海

萬國圖作卡拉圓球圖作喀拉水峽。漢文圖作哈剌。世界地學作加蘭。爲阿被等河歸宿處。烏拉山脈直抵此海。

俄賀資革海

俄游彙編作哦霍特茨克。五大州志作歐候之克胡文忠圖作大該拉。萬國圖作俄何特士克。漢文圖作痾哥德斯克。世界地學作窩各庫。地誌作俄科資克。爲阿穆爾河等水歸宿處。東北即甘查甲。

甘查甲海

萬國圖作堪察加。平方圖作堪察次克。圓球圖作喀毋煞特喀。北連白令海。西南界俄屬甘查甲部。

附土角

色斐羅角

在埜尼塞司克省北。卽泰慕爾半島北方一土角。

東角

此角斜出卽卑令海峽。爲亞洲極東。與北美毗連處。東南卽安阿釁海股。漢文圖作阿那地爾。五大州志作亞那得兒。

羅巴德嘎角

學會圖作羅帕特喀山頭。在堪察加南。再南卽千島。亦稱古利勒。

西域回部山水海地所在 亦稱中央亞細亞

葱嶺

俄人呼爲白彌爾。乃西域回部諸山之祖。山脊即帕米爾高原。迤南迤東南。又西藏印度諸山之祖。北方烏拉大嶺。亦自此支分。

巴達克山　喀拉陶山　阿克賽山

三山在費爾干省北。費爾干即霍罕地。

吉薩爾山

或即學會圖奇息爾遮特嶺。在費爾干東南。

阿賴山

學會圖作阿賴嶺。在布哈爾國東南。費爾干南。葱嶺分支。

後阿賴山

値阿賴山東北。亦葱嶺分支。當即平方圖阿賴套學會圖阿拉套嶺。在天山北。又東北。穿阿爾泰。直抵西比利托波兒。南合於薩彥嶺脈。

興都哥斯山

即雪山。學會圖作輿都庫什嶺。乃葱嶺西南迤一支。萬國圖作印度庫施。世界地學作悍自庫塽。地誌作輿都克士。稱爲由帕米爾高原西走之山。在同部東西布魯特南。克什米爾及哈布爾北。東迤至東印。即喜馬拉雅山。

阿母河

學會圖作阿穆塔尒。一作暗木。一作阿木。平方圖作阿姆。漢書稱嬀水。佛經稱縛芻。朔方備乘作阿摹。志略作亞木達利亞。戚游彙編作阿母達利耶。世界地學作阿姆達利阿。外國地理作亞末德利

也發源阿賴山向西會布哈爾諸水西行北折入於鹹海之南即泰西新史阿那河稱俄兵嘗駐此窺西域

納林河

學會圖作那林合錫尒河名西爾達里亞俄游彙編作希爾達利耶世界地學作西納達利阿外國地理作詩路德利也上源由俄領天山發源即葱嶺支分經東西布魯特及安集延界復經阿賴山北會北方水於費爾干省之馬爾格蘭即瑪尒哈朗城又分向西北行入於鹹海之北二河為葱嶺以西大水均通輪

錫爾河

即西耳全志作西西混平方圖作錫爾達里亞世界地誌作休得里亞亦入鹹海據圖納林錫爾二河下游合流入鹹海故得互受通稱矣

鹹海

志略作達里岡阿泊又名死海以其不通裏海也胡文忠圖作達里岡阿鄂謨圓球圖稱阿辣西蔦國圖作阿拉爾湖漢文圖作阿剌爾海地理問答作阿拉海學會圖作阿喇里湖在中亞士耳該司克西南葱嶺以西水皆滙

裏海

志略作喀爾士畢安朔方備乘作加斯比約與亡史作克斯邊泰西名喀爾士必安地理問答作嘎斯卡又譯喀司便圓球圖稱郎開四平西俄史作喀斯片在亞歐二州間洪氏以古雷翥海當之徐氏以古奄蔡大澤當之唐書稱小海元時之寬田吉思海也

高加索山水所在

高加索山

即喀復喀斯。互見俄國內地理問答稱又譯靠喀蘇。俄史作架格斯。稱昔蒙古擊敗俄兵於此萬國圖作考卡俗士中有埃勒勃魯高峰學會圖作厄耳布尒士即艾裏布兒。外國地理耶路布路儲在部南西壓黑海。東抵裏海綿亘蜿蜒千峰矗起南曰小高加索高峰名亞剌特。古名阿眉尼亞山。包有角阿

其國

庫耳河

亦稱庫庫班。學會圖作庫爾。流域在第夫力士北嶺里挽南俄游彙編稱高加索山自此河起。盡於裏海濱之阿蒲余灣。是爲合土界阿拉斯河東南流入裏海海水互見。阿蒲余即學會圖亞浦倫嘴。

枯班河

圓球圖作庫班流域在庫班省南是爲西流入黑海水源出斯塔夫羅泡界高加索山與庫墨分水

庫墨河

萬國圖作庫麻學會圖作庫馬流域在斯塔夫羅泡北是爲東流入裏海水

挨勒克思江

圓球圖作臺來克學會圖作特勒克流域在塔第士特北庫墨河南俄史稱曾與波斯約劃江爲界亦東流入裏海水

貝各貝里克河

流域在庫班河北西入阿速夫海上源亦出斯塔夫羅泡似即五大州志瑪尼氣云與歐俄相接者

窩瓦河

此河由西北來至俄部阿士特拉刑入裏海阿士拉刑志略又屬諸高加索新藩部河入海處亦高

加索境異名

見俄羅斯內

戈扎湖 五大州志作荀克細亞在額里挽北

印西回部四國山水海地所在

阿富汗山

在阿富汗境。學會圖分作東西蘇里曼。世界地誌作撒里滿。爲由帕米爾高原走於西南山脈。地學作士利門。稱爲南亞與西亞交界境。按卽印度庫施分支。爲阿富干與北印天然界畫山。西阿富汗。山東克什米及印度河。

乞都山

在阿國侯勒特北。學會圖作葢圖。元史作乞都卜。云憲宗弟旭烈西征至此。

喀撒特山

在波斯西南。當卽學會圖卡馬拉萬。國地志稱波國西南亦多山地是也。

禿馬溫山

在波斯馬撒地蘭南即德馬溫山元太祖攻波斯王扎剌丁於此北距裏海不及二百里學會圖謂之德馬溫得

耶路布茲山

萬國地志作衣爾勃如稱波斯北部在山東西世界地學稱在裏海濱地誌作厓布而志稱上脈與印度庫施相連終於小亞細亞西端言其遠勢也即學會圖厄耳巴尒瀛寰全志哀耳勃士五大州志伊爾婆兒士

西奈山

地理問答作西乃圓球圖作薩愛乃與亡史作喜臘漢文圖作西尼在阿喇伯西北紅海北摩西垂十誡時託言天神降此山山東北港學會圖作亞喀巴似即拿氏戰敗之亞布喀然一本稱彼爲尼羅河口地又別

印度施河

萬國圖作印度地理問答作印度斯。一作印達士又名黑河。亦阿富汗與克什米阿界河。入亞拉伯海。互見。

亞末河

卽回部阿母河。學會圖又作阿克蘇。入鹹海南方者。亦流經阿富汗北境互見

海爾們特河

學會圖作格里縣得出阿京喀布尓界。西南流合阿尓干達布河水。卽萬國地志喀勃尓河也。西南流。又西流。折而北。又西似瀦爲湖。值侯勒特南西過波斯。地志謂兩河流域地肥沃。波斯境有客龍河。學會圖似作喀拉蘇。

烏魯米厓湖

萬國圖作烏魯密阿地理問答作烏羅米亞學會圖作務魯木海在波斯西北與東土鄰西有城同湖名

阿勒富海

一作阿勒得俗名東紅海萬國圖作波斯灣北抵土南通印度洋阿喇伯在其西波斯在其東下游海腰地理問答作賀木斯即學會圖和爾木斯峽又下乃世界地誌阿蒙灣圜球圖俄莽學會圖阿曼

勒必西海

在阿喇伯西萬國圖作紅海圜球圖稱即耳來得西海口有英領丕林島下游亞丁灣即安頓地理問答作阿典海股其上海腰地理問答作巴備滿德屬英置吏屯糧當即萬國圖流淚門地志哭海頸世界地誌作巴芒旬布西征紀程作巴白曼德圜球圖作芨拜曼代學會圖作巴布厄耳曼得

亞丁下。又有巴比耳曼得水峽。出峽。乃紅海口。亞丁海底綫。東通孟買。北達蘇彝士。

亞拉伯海

萬國圖作阿拉比阿。漢文圖作阿喇伯。興亡史作亞伯末。在錫蘭島西。波斯海灣東南。阿富汗俾路芝南。再下。即印度洋。亦統稱爲印度洋海。一說即漢書海西。

附土角

拉塞爾哈特角

地理問答作拉撤勒哈。學會圖作厄耳哈特。値俄曼東方。偏西。又有伊梭勒角。

東土耳其山水海地所在

頭魯斯山

萬國圖作頭魯土。地志作得拉斯。西洋史要作拖拉司。云山以西曾爲羅馬所得。學會圖作套魯。西征紀程作道羅。地理問答作道魯斯。法志作多妻土。云十字軍伐回部踰此嶺。由小亞細亞蟠屈阿美尼亞。卽志略託羅斯。云高插雲霄。常積冰雪。

託羅斯對峙山

又在託羅斯北。居小亞細亞東境。

亞臘臘山

志略作阿臘。學會圖作阿格里。卽亞剌山。地理問答作亞喇獵。世界地學作阿拉拉得。在中土境內。爲黑海南著名高山。歐付臘底斯河發源於此。卽瀛寰全志阿米尼亞山。

黎巴嫩山

在東土賽利阿北。萬國地志作里盆諾。地理問答作利巴嫩。稱偵猶太國北。亦沿地中海岸。

大博爾山

東土猶太分省拿撒勒。即納币勒。在山東。全志圖作大泊。納币勒西南該撒利亞。學會圖作開薩里亞。

黎巴嫩對峙山

其脈自黎巴嫩山來。當即地理問答尼波峰。學會圖安地黎巴嫩山。

加爾瓦路山

一作加爾墨祿。在日路撒冷北。黎巴嫩對峙山西。即羅馬守宰釘死耶蘇處。

西婉山

在加爾瓦略山東南。卽學會圖希尒曼。

古耳第斯旦山

俄史稱居土耳其波斯毘連界上當在若阿的土坦境因部得名或卽學會圖亞尒熱羅什。

埃的亞峰

干地亞島中最高峰名。其山東西橫亘。

亞拉斯河

萬國圖作阿拉士。俄游彙編作阿拉斯。出阿綿尼阿界。與歐付臘分水。東南流。又東北。合高加索界庫耳河。萬國圖作庫阿者。東南流。入裏海。卽近世史他伊古拉斯河。云土昔拓地至此。

歐付臘底斯河

萬國圖作幼法拉。又名幼傅累提士。平方圖作阿付臘底斯。圓球圖作優夫提斯。地理問答作弗拉德世界地學作由夫列斯地誌作幼法拉的斯外國地理作腰呼拉爹斯發源阿美尼阿西界又東一源出自亞臘臘山學會圖稱東西二源合流是也西南流折而東南又東北又西西南轉南流過哈里比城東曲曲東南又東又南偏東流至巴索拉南與底格里斯河會

底格里斯河

即魏書達曷河西洋史要作氣固利斯云亞歷山大渡河攻波斯志略又作地額學會圖又作的日勒亦作沙特萬國圖作泰格里士地志作態曷利圓球圖作提格力斯地理問答作第革利斯世界地學作器固利士地誌作鐵固利斯外國地理作底池古利斯與亡史作妻克列斯此河比歐付臘底斯差小亦發源阿美尼阿地南方東南流過古尒的斯丹美索不達迷亞二部並報達城至巴索拉合流爲霞典辣布河入波斯海外國地理稱雙仔河　霞典辣布學會圖作沙持厄耳亞拉布以其上游曾合此等運河也外國地理稱沙駝耶路亞拉布河貫入波斯灣地味肥沃多產小麥者是也

其息耳河

圖球圖作給昔耳學會圖作奇悉耳伊尒馬克發源西法士西界西偏北流東北流經恩孤阿城東合自東南來塔拉亞蘇河水又東北折而西北又東北合西來果克河水東北曲曲入黑海河口西北卽信諾魄城

薩克里亞河

出何達溫的北界與其息耳河分水東北流合數水折而西北復折而東北入黑海卽西洋史要革拉尼古云亞力山大戰敗波斯處

約但河

圖球圖作昭丹學會圖作者丹世界地誌作堯敦萬國史綱目作約爾檀云摩西教徒至此自猶太國東南流入死海

底白利亞湖

亦作加利勒亞。全志圖又名提比里亞。志略作加利利。萬國地志作喝利里海。値猶太分省拿撒勒東。耶蘇曾於湖濱招集徒衆。疑卽學會圖好蘭池。西南湖。稱根內薩勒崔。

死海

東土賽利阿西南隅大澤名。本大城。遭災陷爲湖。値加利利海南。周圍皆瘦嶺枯山。稱世界陸地最低處。學會圖稱底得海。

仨法海口

一名約帕。圓球圖作扎乏。學會圖作雅法。爲往耶路撒冷者所必經。泰西新史作扎發海口。稱英鼐利孫追拿破崙至此。又近世史稱斯利亞港。可以扼印度。當卽敘利亞港。或學會圖倍特里亞。南距亞剌伯者。與亡史似作別爾西亞灣頭。云巴比倫民族始此。

潘湖

萬國圖作萬湖，地志作澎湖，平方圖作温尼湖，値阿美尼阿東南，依湖有萬縣。

比施阿湖

學會圖作貝舍以地名，瀛寰全志作德士各勒臧湖，在東土西境，値卡拉綿尼阿西南。

瑪爾摩拉海

世界地學作馬爾莫拉，學會圖作馬尒馬拉，萬國圖作馬麻剌，爲東土本國境盡處，西北通黑海，西南通希臘海，北有博斯破魯斯峽，南有黑勒斯奔峽，西洋史要謂之海力斯朋特。

黑海

中土卡綿尼阿在此海南。

地中海

中土卡綿尼阿

在此海北又東

印度及藏南印北四小國山水海地所在

帕密爾高原

外國地理作罷迷路。世界地學作帕米爾。稱爲世界屋脊。諸山之脈。由此歧出。值北印克什米阿郎嘎施滅北。

喀喇崑崙山

印蔥嶺學會圖作喀拉科隴。萬國地志作克拉哥剌母。瀛寰全志作嘎拉哥倫山。西南爲克什米及恒河上源。山北爲西域和闐等處。山東山南爲藏地。喜馬拉雅及印度古斯山脈。自此支分。

喜馬拉雅大山

卽西域大雪山。圓球圖作以巫來亞。印度記作希模黎雅。大雪山。漢文圖作巫來亞。地理問答作希瑪拉世界地誌作喜馬拉耶。外國地理作耶路布路儲。卽佛經須彌山。由帕米爾延迤而東南者。山南麓爲印度北半大陸地暨尼泊爾布丹山北山東爲雅魯藏布江流域最高峰名埃佛勒斯稱爲海內第一即世界地學耶巴林德或曰哥爾或曰山加爾地誌作愛廓列斯多萬國圖作厄法列士特西征紀程作伊斐利斯者喜馬拉雅又北即西藏岡底斯山

雪山

即印度庫施見前外國地理作軒儲古簫爲由帕密爾西南迤一支拱抱北印度者北印東爲後藏邊徼西北即西域布哈爾東南部落

蘇萊曼山

萬國地志又作斯利們稱在印度西北連峰界於阿富汗俾路芝即學會圖蘇里曼異名爲阿與北印分劃處見前

大吉嶺

西征紀程作大脊，印度劄記作獨吉，在孟加拉部內。初本西金一荒邨，英購其地，闢茶園，爲入藏孔道。

溫特哈山

在那爾巴達河北，自恒河口至印度河口中間，東西橫亙者皆此山也。山系自喜馬拉雅分支。近史作營的亞，圓球圖作分得雅，學會圖作文得海亞，外國地理作烏燕詐，卽文特亞。迤南爲印度南半，三面環海，地名德干高原。山北高原名馬盧薇，又稱麻耳瓦，地爲蒙古盛時所得。

阿拉勿利山

在剌日不德拿東南，亦自喜馬拉雅分支。山東爲恒河平原及麻耳瓦高地，山西爲印度河低地及大沙漠。

東西高止山

自喜馬拉雅山南分一大支蟠亙恒河印度河閒直南盡於科馬林角所分大支又分出無數小支迤於馬哈那第等河閒又自小支抽出迤至海濱復起擁護鐵幹臺地峰巒並峙南北相望世界地學作東格次西格次亦謂之東高止長山西高止長山圓球圖作吳資蔄國地志作角跗外國地理稱卧儲山脈西洋史要作葛芝達亙於東海岸者為東高止西海岸者為西高止

雅魯藏布江

一名大金沙江佛經作私陀阿漢文圖作雅魯藏佈入印境名布蘭馬普得拉江圓球圖又名布達拉萬國圖作勃拉馬布特剌地志作勃拉昧珀脫利印度記作蒲蘭布達外國地理作布拉馬布德拉源發喜馬拉雅山北西藏阿里境內郎岡底斯也轉南流繞山東麓入野人西境西南流入印度會恒河世界地學作馬八布達稱發源西藏臺地下雪山東谿出阿薩姆地下流與恒河合者是也

恒河

西征紀程名乾吉思圖球圖作根基斯括地略作根其司佛經作恒伽印度記作安額世界地學作甘幾士外國地理作更治士又作硬治士出喜馬拉山南流出山東南流經印度大平原會藏江入海所合水有朱木拿河一說即上源乾吉思非是圖球圖作周母那萬國圖作朱盗納印度記作閻那出喜馬拉山者也戈格刺河即學會圖哥格拉印度記但刺圖球圖告格辣亦出喜馬拉專不耳河即圖球圖傳母抔出温特哈山庫色河學會圖作公都克出喜馬拉恒河西支又名呼格里以地名即印度劄記圖支黎又稱扈枝黎江口釋名謂戈格刺即西藏岡噶江地望近是

印度河

佛經作信度萬國圖作印達士地理問答作印度斯外國地理作燕特士發源喜馬拉雅山北西藏阿里境內與藏江分水出峽西北流入克什米爾境轉西南流繞山西北麓又西南經大平原會薩特里日河過旁遮普信地二部南偏西流入海東南流一支名納爾河經克尒普尒入於開治澤中

薩特里日河。印度記作拉維。西征紀程作塞特勒。至萬國圖作嘎拉。又名撒特列酋世界地誌作德賚齊。圓球圖作噶拉。郎志略隆德勒至佛國記捕那。西南流時。有自克什米爾西北來之這里恩河。學會圖作熱倫及自東北來之支納北河學會圖作折納希。圓球圖作希奴白者。亦合而西南流會於薩特里日河。同入印度河。

那爾巴達河

萬國圖作那布達圓球圖作乃耳抔達學會圖作尼尒巴達。上源出那頗阿北山中。夾山西流。過巴羅答城南。入康木拜海灣。

塔普提河

圓球圖作塔皰提萬國圖作逆埔他答地西流。行萬山中。經刋代施北。合那尒河。入康木拜海灣海口郎蘇拉特。

馬呼努的河

圓球圖作麻喝那氏。萬國圖作馬哈那第。上源出岡都亞那西境。那頗阿東境山中。東南流合須河温格河水。又東入孟加拉海。此河東北。即萬國圖勃拉門尼河。學會圖作布拉木尼。南流折而東流。合馬呼努的河支津。入海。海口即咳德克城。

哥達惟利河

志略作裝旭惟利。萬國圖作戈達斐利。圓球圖作果答浮里。上源出西高止山頂。合數水。東偏南流。又東南。合北來不蘭赫塔河。南流入孟加拉海。此河流域。西即德干高原。上源二水。均出安現加巴得部。

奇斯得那河

即志略吉那河。東南流。抵馬斯利巴丹木西南卡那的東北。入孟加拉海。此河下流。萬國圖作敦

布特拉。上源西北水。圜球圖作比麻江。學會圖作
比馬河。出康肯界上。西高止山。西南水。稱吐毋杯
得辣郎萬國圖敦布特拉。學會圖通加不得拉亦
出西高止山。下流。稱克力施那江。乃平方圖與鄰
氏課程之奇斯得那。近史之格利士
多拿。一水而上下游名號各執耳。

科利倫河

學會圖作科里倫。上源學會圖作加惟利河圜球
圖作考浮里。出加那拉界上西高止山。合數水。南
流。又東流入孟加拉海。
海口西南。即保克峽。

喀喇蚩海岸

在辛得西南。爲印度西北海岸。西征紀程稱
有喀剌直城。屬信地。即西域記狠揭羅是也。

開治海岸

萬國圖作咳齒。圜球圖作扣齒。五大州志作庫氣
漢文圖作加杜知。日本新地球圖作扣辣知。是爲

印度河下游海岸。

康木拜灣

圓球圖作開母拜。五大川志作坎倍。印度記作開拜。云卽科曼轉音。爲喀第瓦。卽古直拉德南方海岸。

馬拉巴爾海岸

萬國圖作馬拉巴濱。地志作埋拉排介。漢文圖作麻拉巴。世界地學作馬蘭班。自康木拜灣迤南偏東傍西高止山西麓南至科馬林角。皆是便於停泊。爲西岸。

科羅門特爾海岸

圓球圖作科羅曼代耳。萬國圖作科羅滿秩耳濱。近史作哥羅曼的。世界地學作可盧門鐵。自科馬林角東北迤經保克海峽等地。東北至浙地港。皆是距山頗遠。停泊不佳。爲東岸。

孟加拉海灣

以英印屬部名萬國地志作貝加爾漢文圖作孟嘉辣世界地學作賓格爾圓球圖作本告耳在東印恒河口外値錫蘭島東

瑪尼阿灣

漢文圖作麻那全志作乍法那外國地理作馬拿路在印度極南與錫蘭島中間卽地理問答瑪那爾海腰

保克海峽

萬國圖作拍耳克西征紀程作巴克爾英法日記作巴德世界地學作巴爾庫漢文圖作泡克在印度極南科馬林角東北準其地望亦在瑪尼阿灣東北也峽中小島礁石水落如橋西人呼爲亞當橋

印度洋

即小西洋海。自蘇門答臘以西。至非州東岸皆是。

附土角

科馬林角

西征紀程作科摩稜。圓球圖作考摩淩。萬國圖作哥摩林。地理問答作革摩林。日本新地球圖作胡倫貝。印度極南。附近錫蘭島土角。與東西海岸地曾爲葡領。

錫蘭島山水所在 附

佩特洛塔拉架瑙山

錫蘭島中央最高峰。印度記作補落伽。釋氏稱普陀巖島以此山得名。古獅子國。 錫蘭全志作西倫。

亞當峰

世界地學稱阿達姆高山。印度記作亞坦峰。值佩特洛塔南偏西方。亦次高。在坎地城南。相傳佛生於此。

碊海懷里甘介山

錫蘭島中水名。出亞當峰東南麓。

緬甸山水海地所在

蘭開山

圓球圖作唵來刋山系自岡底斯山卽西圖底斯岡萬國圖崗高得利分東支入藏地分支經喀木野人境卽此山又分東西二大支

蘭開山西支

西南自更的宛江西經土國阿薩密曼尼坡而後入緬地拉歇部阿臘干部境南盡於海學會圖謂之絞麻東山西人統名此山脈爲偉斯登爾崙嶇斯譯言西山嶺也

蘭門山東支

南自伊洛瓦第江東怒江西東南入雲南永昌府西界南出邊至木邦境爲抹能江發源處西南迤至北撣錫箔部西南爲西當江發源處以上統名撣人遙嵋山又分二大支均南迤經怒江西當

江伊洛瓦底江左右均南盡於擺古境即統名擺古遙嵋山

怒江

一名潞江出前藏衞地經怒夷雲南西邊撣地景東木邦等部又南始爲暹緬界名薩爾溫河圓球圖作鹽文世界地誌作些文五大州志作薩兒維音又南入緬境至馬爾達班又南至穆爾門注孟加拉海

伊洛瓦底江

舊誤稱爲大金沙江萬國圖作額拉瓦第地志作歐拉渭特地理問答作伊拉瓦第世界地學作意蘭瓦其地誌作依拉瓦諦外國地理作依拉華敵具四大源齊會於古拖渡口南南流經美特基納即米紀紀納並八莫所領允冒城西又南經戛鳩西北此部因水得名又南會雲龍江即檳榔江西圖謂之太平江過北緬北部八莫西西過瑞姑北西南流會龍川江萬國地志即謂伊洛瓦爲龍川又

南過北緬北部瑠玭邁匿斯所領大公城西又南過北緬北部蠻得勒西西南流過北緬中部所領阿瓦城北合北來繆江又西南會更的宛江南流過北緬南部所領蒲甘城西又南過英緬擺古部所領普羅美西又南流分數十支最西支西南經巴森即名巴森河入孟加拉海最東支東南經仰光即藍貢西南入海此江深廣爲西南諸水冠火輪通行

更的宛江

又名坦拉瓦底江伊洛瓦底西源也出亞薩密北境柏脫可山南偏西流經曼尼坡東孟拱西會孟拱地水南流會曼尼坡河又南會瓦底江

恩梅開江

伊洛瓦第江東源之一即名東源出薩騰野人境

邁立開江

伊洛瓦第江東源之二亦名西源最上曰南琛河出野人山境坎地之蘭開山南流經野人山部落東南流至古拖渡口南與東源會至八莫北爲瓦底江

西當江

當卽世界地誌霞典爾普江源出北緬北部巒得勒東南北撣錫箔部西南撣人遙嵋山中卽蘭開山之在北者曰白龍江南流經英緬地那悉林所領洞吾部又南經地那悉林所領歇陘衛西又南入海行千里

馬達般海股

學會圖作馬爾達般地理問答作瑪達班圖球圖作麻塌班灣鎮名同在地那悉林部首城穆爾壐北東臨怒江口

暹羅山水海地所在

格爾吉山

其主峰在瀾滄江發源處分支南經藏地入雲南境至景邁北分東西二大支西支南迤於怒江湄南江之間爲暹羅界南盡於馬來隅南嘴東支南迤於瀾滄江與湄南江之間南盡於柬埔寨地勢北高南下故湄南上游湍激而下流寬緩

瀾滄江

水道提綱稱爲蘭滄水世界地學稱茂昆外國地理作咩剛暹羅東境江也源出西藏格爾吉山經藏地雲南出邊經老撾境又東南始爲暹羅老撾界暹羅居江西老撾居江東又南入安南柬埔寨境合柬埔寨河又南至西貢城南入海圓球圖亦名開母波沓萬國圖於此江下游稱又名眉公江地志作眉江一說又名西貢河一名默南君河一名柬埔寨河學會圖承作湄公河口遂啓後人

以瀾滄江爲湄南江之臆說實則兩江入海處各別

怒江

暹羅西境江也源流見前自雲南出邊經撣地南入境始爲暹緬界暹東緬西

湄南江

世界地誌作麥那母外國地理作咩難值瀾滄西怒江東源流稍短貫流全國當經北部阿賴亨城北景邁土部南計合三十二小水灌溉土脈勢緩流散水退稻熟有東西二大源西源名湄濱江出景邁北山景邁爲怒東土部格爾吉山自此分支故湄濱江自此發源東源名湄南江學會圖作湄南雍出猛波利土部北山二源合而南流分二大支南流入暹羅海灣河口有砲臺海口有著名竹嶼島東支自經曼谷西入海據學會圖二源在拿公薩王城北會既會而復分也

暹羅灣

地理問答作暹羅海股京城曼谷臨此灣東南出爲中國海

安南山水海地所在

安南山

自雲南梁王山分支南迤於瀾滄李仙二江間入安南境南北綿亘峰勢甚高分安南爲山東山西兩段山西老撾山東安南上脈乃橫嶺

瀾滄江

即圓球圖開得波沓安南西境水也東南流經東埔寨至西貢入海異名見上

富良江

上源爲雲南河底李仙二江圓球圖上流稱元江平方圖稱紅河東南出邊至興化府境合流世界地學稱東京河又東南經東京河內東又東南分數支入東京灣一說李仙江自東南至順化北入海平方圖劃爲二水學會圖又不然其上有孫梅孫開二河相隔也

東京灣

地理問答作東京海股，卽安南東京海口，東北爲中國廣東欽廉及廣西鎮安州，

南海

漢文圖作支那海，安南東南，中國瓊雷以南皆是，距越南南海口三四百里，西面有山矗立海中，東游記稱波羅康德，學會圖稱康道耳羣島，現屬法，越南海口，卽西貢河口，

南洋諸山所在

宰牛坑

呂宋北面高山名、巠若鋸齒·迤東亦山嶺錯雜·有火峰·

馬甲撒山

在西里伯島中以地名、

息力大山

五州圖考作幾尼巴路、五大州志作克以尼婆兒峰稱最高·圓球圖作愛那巴羅·學會圖有馬拉得色拉士斯等名、貫婆羅島中由東北而西南峰巒甚峻·婆羅·五大州志作薄紐·

喇喇　息邦　烏落　新黎

四山均在婆羅州內、息邦產金尤佳·據學會圖名均異矣·

當步羅山

在葛羅巴島。發火最猛烈。

奥非亞山

西圖稱在滿剌加東北。產香木。西征紀程以續文獻通考九州山當之。

萬古厲山

郎古農山。綿亘於蘇門答臘中間。當郎地理問答俄斐學會圖路西亞邦等峰。又南圓球圖稱英得拉普耳山。

褻温斯但特山

全志作奥奔史旦利帶山。在巴布亞東南。迤邐沿海。高峰積雪。且多火山。又有木刀司海口。為商埠

俄羅斯山水海地所在

烏拉嶺

世界地學作烏拉爾山地多鑛產白金外國地理作烏拉路五大州志作烏魯一曰阿烏林乃歐亞兩州界別北起北冰海南至白爾摩卽蔥嶺西北一支中間分出者由俄連堡北行諸山曰寬槎顆弗曰迭聶日肯曰喀赤喀納爾曰帕付林又名大布里

提曼山

平方圖作提滿斯斯奇嶺學會圖作提滿值烏拉嶺西由阿爾寒節直湊北冰洋

喀復喀斯山

即高加索漢文圖作考喀蒐斯全志作高嘎色斯外國地理作蓋加沙士由西北橫截向東南行至裏海濱止跨歐亞兩州中有三峰傑出一名艾裒布兒斯萬國地志作愛尒裴士爲第一高山

一名得令擕。一名喀思伯克。南一山名小喀
復喀斯。爲古火峰。峰盡處。介俄與土耳其波斯三
國
境

喀爾巴特山

世界地學又作加爾別遐。似卽卡批提安山脈。西
界普奧者。自奧入環波蘭境。森多迷爾溜卑林間
再南。環土自色。名阿勿拉停司克山。卽他勿利。二
世界地學稱此山支脈與高加索烏拉爾中間開
一薩馬其庫大平原。薩馬其庫。
疑指薩馬剌。及薩剌托夫而言。

芬蘭山

西北界瑞典。沿是山而東曰曼多哩克山。南分二
支。一支曰倭羅涅莢。沿俄尼嘎湖。東入倭羅涅
莢境。一支曰挨思帖爾波特尼。向西南分數小
枝。散漫趨保耳的克海。近海山名右克爾頂。削平
如砥。按芬蘭暨倭羅涅莢山名。均因部得。挨思
帖爾波特尼。卽俄游彙編之挨斯特蘭。萬國圖之

伊士吐匿阿亦以部名。

法勒岱山

世界地學作巴爾帶。五大州志作巴尒代摩斯科與聖彼得分界山也。山東舊都。山西新都。山北沼澤地。呼爲丹脫蘭。卽荒野意。山南低地好牧場。呼爲士鐵布向裹海黑海而漸低。

他勿利山

西南屏障黑海。其矗立海中者。曰克雷木。因城名山。其最峻者曰槎推爾達克。最下者。曰拜達爾嶺面海。埠曰鵝爾塔。迤東橫臥亞速海灣者。曰切爾赤。按他勿利山因部得名。南憑黑海。擣里達郎俄遊彙編之他勿利治司克也。鵝爾塔晃亦擣里達轉音。切爾赤卽學會圖奇爾則以地名。

丕楚剌河

平方圖作伯紹拉。萬國地志作甌且來。全志作培卓拉。圜球圖作排綽拉。外國地理作野路卑剌燕

上源出烏拉嶺腹曲曲北流合東自烏拉北嶺來
烏薩江水折而西合西南自提曼山來乙止麻河
即平方圖伊日馬河北流折而東北河中島嶼甚
多入於北海海口外即歪喀寺及諸歪阿森里阿
二
島

美森河

萬國圖作墨森平方圖作默僧漢文圖作米森西
北流折而北至墨墨森灣即漢文圖毛婁灣入白海
正值白海出
北冰洋口

北土味納河

萬國圖作北杜味納全志作代那平方圖作土味
拿萬國地志作獨烏奈外國地理作多灰拿地理
問答作兌那世界地誌作兌以那地學作別器約
拉漢文圖作得斐那上源名蘇科拉河平方圖作
蘇哈那承湖水自倭洛答界東北流合自東南來
微車格達河大水北流偏西合自西南來瓦嘎河

又北偏東，合自東南來薛乃噶江，即平方圖皮提憂河也，折而西北，經阿刋結耳部西，入於白海，海口，即俄史雷味勒，亦即兒以那轉音。

阿尼加河

志略作阿尼牙，圜球圖作俄乃噶，萬國圖作俄尼嘎，漢文圖作阿牙加，上源承同名湖水，曲曲北流，又西北至俄尼嘎部，入於白海，河名與部同。

集們河

即泰西新史離門，近史作尼綿，地理問答作尼門，俄史作尼捫，又作尼們，稱爲俄布交界地，在波蘭東北，出明斯克界，西西北流，經維耳納科夫諾蘇尒瓦其等處，又西流入波羅的海，爲俄法會議處。

訥瓦河

一作尼泫，亦作內襪，全志作尼法，近史作尼烏，五大州志作尼巴，俄史作納法，即耐華，俄游彙編作

納羅薩世界地誌作賴維亞地學作湼瓦首受拉多日湖分支西流貫彼得堡入芬蘭灣

瓦肋湖

當即萬國圖厄納剌平方圖埃納剌圓球圖愛那拉在臘魄蘭界兩水合而東北流入湖自湖出折北流入北冰洋其在臘魄蘭南與此水界分者即與瑞典界之托阿尼俄河圓球圖作叨耳尼阿南流入波的尼灣在學會圖多尒尼亞地

土味納河

萬國圖作杜味納地志似作與提奈俄史作度伊那圓球圖作得分那地理問答作度那世界地誌作奈維亞上源自斯麼連士克西流又西北流入里葛灣即奈西新史俾爾西納云法兵戰敗濟渡處

維士都拉河

地理問答作斐斯度拉萬國地志作維斯得來外國地理作二士參路五大州志作威以克塞爾世界地誌作維士斜那又作維斯求辣或作危司徒拉平方圖作薩維斯杜拉萬國圖作維士如剌又名維士克耳俄史作味斯都拉上源出奧界小卡批提安及卡批提安二山間合散河經普界入俄波蘭境北流赴波羅的海約在德境但澤東是為普俄交界水互見

得提士塔河

世界地誌作志尼士他全志作聶斯德俄史作電尼斯帶又作得尼斯旦云曾保此河伐士一本又作得爾集上源出奧東北界上卡批提安山與維士都拉河分水二水合而東南流入俄境南偏東流入黑海河口即俄秩薩城互見

湼博尓河

一作聶卑爾一作尼泊學會圖作得尼普爾外國地理作二俾路俄史作得尼拍爾亦作尼拔云曾

於此集兵備土志略作地理問答尼魄耳

世界此地學兵備士志略作地誌作地伯漢文圖作聶泊

伯萬國圖作卑爾地又作摩斯得志作尼伯漢文圖作聶

拿破崙敗奔虛源帕又作摩斯科捏帕尼近漢地文理圖作

南流經鄂爾曚河折而西德南合納河中比尼作魄耳

斯透經舊界受計由斯科而納帕東北窩斯作諸經水土尼作聶

連斯克敗界作尼源出摩斯科捏東北近窩斯作中利西摩云

於黑海圖五大州第三大河口即俄南史尼自西河北來尼東

納圓球圖爲歐州第三大河

作代斯那

多惱河

萬國圖又稱此河丹土奴比西洋史要作丹牛皮俄史作

擔尼圖又稱丹河與土任分界又東偏北折東行經奧史入

俄境曲曲睌東流資江即入學會圖普魯斯江水於黑海受

自北來睌東流資江即入海則

西北隅入海敦河互見矣

敦河

在黑海東北隅敦河互見則

志略萬國圖作端河圓球圖作登河近世史作當河即
漢文頓河胡文忠圖作端必拉地理問答作盾河即
城西吐拉東乃子與涅博尒河分水因誤得名集曼
諸訥有鄂並讍斯特斯河在西滙而西流出合東西
多訥水多訥讍特斯河即窩羅尼士因河濱為賽馬
海在東特河羅尼斯河即窩羅尼士因河濱為賽馬克族可薩
克兵即彼得首下此河
田所彼得首下此河

窩瓦河

一作佛爾格亦作額濟勒元秘史作扎牙黑俄史
作縛埒噶胡文忠圖作倭爾噶萬國地志作窩夸
萬國圖作窩耳葛地理問答作弗拉嘎世界地誌
作雜魯加地學顏補爾加近史作烏拉尒加外
國圖加地圖顏亦作燜位置誤日本新地球圖尒加外
縛爾地理漢文圖作什耳噶位置誤日本源出新地倭斯瑪城
不值縛國作萬作一
遠科士所受諸大川上源有訥勒訥勒爾河格勒得爾河

格勒斯瑪河鄂噶河即胡文忠圖倭噶平方圖倭里嘎倭特魯加河即學會圖威特盧加喀穆河即萬國圖卡馬圖球圖喀麻平方圖喀瑪是河上源出提曼山南流經撒爾穆界曲曲西南至烏發界有自俄漣堡來烏弗河即烏發河西北流來會又西有自維阿特喀界來維阿特喀河即平方圖維亞里加曲曲南流來會又西至咜散南與窩瓦河合合而南流折而東南合東來薩馬剌河復西南又折而東南至揚噶城東分數派入裏海即阿士特拉刊地也行七千餘里爲歐州第一大川入海處亦高加索界

烏拉河

平方圖稱上源出烏拉嶺名烏剌勒南流合自南來水折而西流經俄連堡南有一水自北西流轉南來來會又西流受自東南來伊列克即額勒克河水西折而南經阿薩塔干即阿士拉刊界入裏海河口城曰古利佛即俄史埃的斯河元秘史亦的勒水

那嘎河

此河流域在端必拉南方學會圖又作薩耳自高加索阿士拉刋界西北流滙爲湖自湖西流經諾窩窩策卡士克南又西入於阿速夫海是爲高加索與南俄毗界水 據平方圖此河與端河合

拉多牙湖

一作拉多日萬國地志作來獨喝俄史作喇多噶云取白瑞平方圖作剌多牙萬國圖作拉多嘎世界地誌作拉多加漢文圖作拉雜噶訥瓦河首受此湖爲最近彼得堡第一大澤

阿尼牙湖

一作痾內加全志作歐尼嘎內府圖作額納噶鄂讃萬國地志作握乃喝萬國圖作阿尼嘎世界地學作窩窩涅加地誌作倭奈加漢文圖作俄乃噶在俄西北中有大山卽元史寬田吉斯海湖三面各有小水來入支津東北流由阿尼牙灣卽志略澤加牙灣入白海 按東北支津當卽阿尼加河其

西流支津亦入拉多牙湖

賽馬湖

朔方備乘作賽美斯世界地誌作塞蒙聚列小泊二十餘在芬蘭界內其水由倭格薩河歸拉多牙湖

北不斯湖

萬國圖作皮浦士學會圖作倍普斯俄史作彼布斯地理問答作排伊普斯全志作備伊布斯朔方備乘作卑不斯俄游彙編作布斯果甫在彼得羅堡西西南拔士科夫西北支津西北流四百里入訥瓦河歸於芬蘭灣彼得曾於是湖練水師伐瑞典

訥瓦河首受拉多牙湖賽馬湖水歸拉多牙湖北不斯湖水入訥瓦河故三湖均為入波羅的海水又有賴圖革湖與芬蘭近亦練船處

北海

在俄正北。

白海

學會圖又作威德。亦在俄正北。北得
科拉隅半島擁護。英曾探地至此。

波羅的海

即黃海。亦稱渤海。海與亡史作巴提克。俄史作彼雷
西奈地理問答作保勒第。漢文圖作保耳剔克泰
西新史作上勒梯。稱爲海軍要地。世界地學作巴
爾其庫。外國地理作伯路捷古。在俄西北。彼得羅
堡西。其海灣有三。一曰保資尼阿。西鄰瑞平方
圖作泊屯。外國地理作波斯二亞。即伯士里亞學
會圖作波的尼。萬國圖作泊得尼。地理問答稱波
德尼亞海。股在北。一曰芬蘭萬國地志作芬倫
特。外國地理作乎燕蘭。地理問答稱芬蘭海股。即
俄史斐諾蘭。俄京臨焉。一曰利牙。即地理問答
利嘎海股。在芬蘭灣
南。稱要港。以城名。

黑海

在俄西南旁多草地亦稱地中海子海泰西人呼爲勒必西內府圖作薩哈連黑得圓球圖作白辣克西史稱泰海地形如蟹學會圖謂之布剌克海

阿速夫海

俄史作阿薩弗近史作亞梳夫云彼得南下至此地理問答作阿梭夫世界地誌作阿索夫漢文圖作晻掃夫在黑海東北即其分汊有地曰亞叔夫俄史作阿薩弗城乃土耳其獻於俄者即胡文忠圖阿索富和屯

裏海

蒙古稱騰吉思鄂謨旁產食鹽在俄東南值鹹海西黑海東北以其似海而不通海故曰裏海黑海裏海均分占小亞細亞

鹹海

一名死海西域稱達里岡阿泊在裏海又東值亞州界

附全四册目録